特別支援教育・障害児保育入門

編著

咲間 まり子

共著

浅川茂実・池田法子・伊藤陽一

倉林　正・甲賀崇史・佐藤匡仁

園田　巌・永田真吾・原子はるみ

本間貴子・室谷直子・吉國陽一・矢野善教

建帛社

KENPAKUSHA

はじめに

　文部科学省によりますと，「『特別支援教育』とは，障害のある幼児児童生徒の自立や社会参加に向けた主体的な取組を支援するという視点に立ち，幼児児童生徒一人一人の教育的ニーズを把握し，その持てる力を高め，生活や学習上の困難を改善又は克服するため，適切な指導及び必要な支援を行うもの」（文科省）となっています。また，厚生労働省では，「障害のある子どもの保育については，一人一人の子どもの発達過程や障害の状態を把握し，適切な環境の下で，子どもの状況に応じて実施することが必要」（厚労省，2017）とあります。さらに，子どものための教育・保育給付費負担金における療育支援加算の創設や，2018（平成30）年度より実施されている保育士等キャリアアップ研修等，障害児保育におけるリーダー的職員を対象に専門的な研修を行う等，保育所等における障害のある子どもに対して様々な支援の充実が図られています。

　そのような中，教育・保育を担う教師・保育者は，特別支援教育・障害児保育に関する一定の知識・技能を有していることが求められます。そこで，これらに対応できる，教師・保育者を養成するテキストとして，本書を編集いたしました。本書では，障害のある子どもの教育・保育について，まず，障害の歴史的変遷について学び，現在の特別支援教育・障害児保育を支える理念，制度について理解します。障害の形態別による課題や現状を知り，就学前施設（幼稚園，保育所，認定こども園をいう）や小学校以降の学校における特別支援教育・障害児保育の留意点や具体的援助方法を学習する為のテキストになります。

　さらに，教育職員免許法・同施行規則の改正により，2019（令和元）年度入学生からは教員免許状を取得するための教職科目として，「特別の支援を必要とする幼児，児童及び生徒に対する理解」に関する科目の履修が義務付けられるようになりました。そこで本書も，上記の科目の中に含めることが求められている「貧困家庭の子ども」や「外国につながる子ども」への支援に関する内容について章を設けています。

　是非，特別に支援を必要とする子どもたちについての学びを深めて頂ければと願います。

　なお，表記についてですが，「障害」については，政府が発行する書類や法令等では，常用漢字である「害」を使った「障害」が使用されています。そこで，このテキストでも「障害」で統一しています。また，「注意欠陥・多動性障害」においても，米国精神医学会DSM-5で，「注意欠如・多動性障害」と呼ばれるようになったことを踏まえて，「欠如」に統一しています。

2020年3月

編者　咲間まり子

目　次

第1章 特別支援教育・障害児保育の概論

文部科学省によると「特別支援教育」とは，「障害のある幼児児童生徒の自立や社会参加に向けて，適切な指導及び必要な支援を行うもの」となっている[1]。また，厚生労働省によると「障害児保育」とは，「一人一人の子どもの発達過程や，障害の状況を把握し，状況に応じた保育を実施する」とある[2]。

どちらもその支援にあたっては，乳幼児期から学齢期，社会参加に至るまで，地域で切れ目なく支援が受けられることが重要になる[3]。

本章では，障害のある子どもの教育・保育について，特別支援教育・障害児保育の概要について理解する。

1. 特別支援教育・障害児保育とはなにか

（1）発達障害とは

近年，就学前施設（幼稚園，保育所，認定こども園をいう）において，「気になる子ども」についての話が聞かれるようになった。その背景には，2005（平成17）年に施行された 発達障害者支援法[4] により，注意欠如多動性障害（attention-deficit hyperactivity disorder：ADHD）や学習障害（learning disorder：LD），自閉症スペクトラム障害（autism spectrum disorder：ASD）等が「発達障害」として正式に位置付けられたことがあると考えられる。

2004（平成18）年12月10日に公布された発達障害者支援法によると，「発達障害」の定義については，法第2条第1項において「自閉症，アスペルガー症候群その他の広汎性発達障害，学習障害，注意欠陥多動性障害その他これに類する脳機能の障害であってその症状が通常低年齢において発現するものとして政令で定めるものをいう」とされている。

また，この法律において「発達障害者」とは，発達障害を有するために「日常生活又は社会生活に制限を受ける者をいい」，「発達障害児」とは，「発達障害者のうち18歳未満のものをいう」と示されている[5]。

国際的に障害者の定義が定められたのは，1980（昭和55）年に国連で採択された「国際障害者年行動計画」においてである。それが世界保健機関（WHO）

1） 文部科学省「特別支援教育について」.

2） 厚生労働省「障害のある子どもに対する保育について」2017.

3） 児童福祉法第4条第1項では，乳児とは，「1歳に満たない者」，「幼児」とは，「満1歳から，小学校就学の始期に達するまでの者」，「少年」とは，「小学校就学の始期から，満18歳に達するまでの者」と定義されており，「乳児」，「幼児」を含めた生後から満18歳になるまでを「児童」と定義している。なお，学校教育法では初等教育を受けている者（小学校・特別支援学校の小学部に在籍する者）を「児童」，中等教育を受けている者（中学校・高等学校に在籍する者）を「生徒」といい，中学生・高校生は「生徒」である。ここではこの定義に準じて使用する。

4） 発達障害者支援法（平成16年法律第167号）

5） 発達障害者支援法第2条2項

6）　**ICIDH**：
International Classification of Impairments, Disabilities and Handicaps.

の「国際障害分類」（ICIDH）[6]である。ここでは，障害を3つのレベルで把握するために機能形態障害（impairment），能力障害（disability），社会的不利（handicap）に障害を分類している。しかし，この分類では障害に十分に対応することができないという考えから，2001（平成13）年に国際障害分類を改定して国際生活機能分類（ICF）[7]として公表している。

7）　**ICF**：
International Classification of Functioning, Disability and Health.

国際生活機能分類では，障害について生活機能の視点から，心身機能と構造（body functions and structures）と活動（activities）と参加（participation）の3つのレベルに分類している。そして心身機能と構造に問題のあることを機能障害（構造障害を含む），活動に困難さのあることを活動制限，参加に困難さのあることを参加制約と，障害をとらえている。

（2）特別支援教育・障害児保育への対応

文部科学省は，「特別支援教育」について，「障害のある幼児児童生徒の自立や社会参加に向けた主体的な取組を支援するという視点に立ち，幼児児童生徒一人一人の教育的ニーズを把握し，その持てる力を高め，生活や学習上の困難を改善又は克服するため，適切な指導及び必要な支援を行う」[8]と示している。2007（平成19）年4月から，「特別支援教育」が学校教育法に位置付けられ，全ての学校において，障害のある幼児児童生徒の支援が充実された。

8）　文部科学省「特別支援教育の推進について」（通知）.

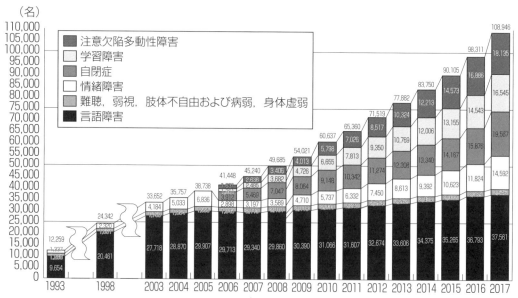

図1-1　通級による指導を受けている児童生徒数の推移（障害種別／公立小・中学校合計）

注1）　各年度5月1日現在
2）　「注意欠陥多動性障害」及び「学習障害」は，2006年度から通級指導の対象として学校教育法施行規則に規定（併せて「自閉症」も2006年度から対象として明示：2005年度以前は主に「情報障害」の通級指導の対象として対応）
3）　表中の注意欠陥多動性障害について：本書では同義である注意欠如・多動性障害を使用し，統一している。

出典）文部科学省「平成29年度通級による指導実施状況調査結果」2017.

毎年文部科学省は，公立の小学校・中学校を対象に，通級[9]による指導を受けている児童生徒数等を調査している。それによると，明らかに通級による指導を受けている児童は増加しているのが分かる。

過去3年間で通級による指導を受けている児童生徒数は12.1％増加している〔2015（平成27）年度90,105名，2016（平成28）年度98,311名，2017（平成29）年度108,946名〕。

各障害種で増加しており，2016（平成28）年度と2017（平成29）年度を比較すると言語障害で768名増，自閉症で3,691名増，情緒障害で2,768名増，学習障害（LD）で2,002名増，注意欠陥多動性障害（ADHD）で1,249名増となっている。

図1-1からは発達障害の割合が増えていることが推測できる。また，図1-1から，発達障害に分類される「自閉症」「学習障害（LD）」「注意欠陥多動性障害（ADHD）」のために通級による指導を受けている児童数を抜き出してみると図1-2の通りである。

9）　**通級**：学校において基本的には在籍クラスで生活するが，障害により通常学級で授業を受けられない，もしくは，授業についていくのが困難な場合に児童に合わせた指導を別の教室で行うこと。

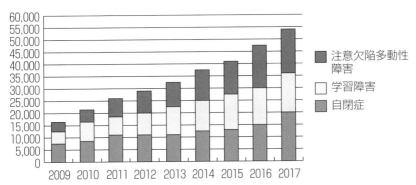

図1-2　通級による指導を受けている自閉症・学習障害・注意欠陥多動性障害の児童数

注）　表中の注意欠陥多動性障害について：本書では同義である注意欠如・多動性障害を使用し，統一している。

図1-2を見て分かる通り，ここ9年で通級による指導を受けている注意欠陥多動性障害・学習障害・自閉症の児童生徒数は3倍以上になっており，適切な療育や教育を受ける児童生徒数が増えていることが分かる。

一方，障害のある子どもを受け入れて保育する「障害児保育」では，障害の種類は，肢体不自由，知的障害，視覚障害，聴覚障害等，様々で，その子どもの求めるサポートはその障害種によって異なり，そのため，保育をする上で気を付けるべき点も違ってくる。

2012（平成24）年に児童福祉法が改正されるまで障害児通園施設では，知的障害児・難聴児・肢体不自由児・視覚障害児と障害種別に別れていたために，支援が受けられにくい問題があった。しかし，児童福祉法の改正により，障害種別に分かれていた施設体系は通所・入所の利用体系別となり，　障害児通園

施設は児童発達支援に再編され，児童福祉施設として定義された「児童発達支援センター」とそれ以外の「児童発達支援事業」の2類型となった。さらに，障害児通園施設を利用するには，「障害者手帳」が必要であったが，障害の有無が明らかではない段階でも通所支援や相談支援が受けられるようになった。

就学前施設での障害児保育は「インクルーシブ保育」といわれる障害児と健常児を一緒に保育することが一般的である。インクルーシブ保育は，健常児が，乳幼児の頃から障害児と接することによって障害について自然に理解を深めていく，また障害児は常に自分のまわりにいる健常児の行動をまねて，同じように体を動かそうとすることで，身体機能が向上したり，生活習慣が身に付いたりする可能性もあり，大きな意義をもっている。しかし障害の程度によっては集団生活が困難なため，医療的観点，あるいは医療の専門知識・技術をもつ保育者（幼稚園教諭，保育士，保育教諭をいう）不足から就学前施設では受け入れができないという場合もあり，インクルーシブ保育を希望しても通うことができないという難しい面もあり，今後の課題として取り組む必要がある。

2．特別な配慮を必要とする乳幼児，児童及び生徒の理解

（1）乳幼児健康診査と就学

現在，図1－3のようなシステムで乳幼児健康診査（健診）が行われているが，3歳児健診以後，就学まで健診等が行われず，子どもに軽度の発達の問題があることに気付かれないままに就学し，小学校入学後に「多動のために通常の学級で席について授業を受けることができない」，「少しのことで興奮し他の児童へ暴力を振るう」等で発達障害等に気付くことが多い。これらの多くは，就学前施設においても問題とされていたと考えられる。

就学前に問題を発見し，適切な対応をすることで，就学後に問題が発生することを未然に防いだり，問題へ適切な準備をするためにも，3歳以後，就学ま

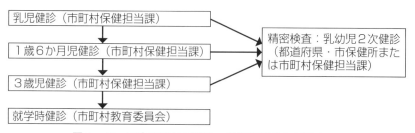

図1－3　現在の乳幼児健診・就学時健診システム

出典）厚生労働省「軽度障害児に対する気づきと支援のマニュアル」（第5章，図5－1），2006.

での間に健診を行い，問題点を早期に発見し対応を開始すること，健診で得られた情報を，就学先の学校へ伝え，就学後にも適切な対応ができるようにすることが重要となる。

　市町村では，就学前の子どもの問題は母子保健関係課，保育所入所等は児童福祉課で取り扱い，就学後の子どもの問題は教育委員会が担当している。この各関連部署の連携が十分行われていないと，小学校に就学前の情報が伝わらず，さらには，家族においても，小学校に入り問題行動が顕在化してから発達障害に気付くということになる。しかし，子どもの発達障害の有無は個人情報であり，就学前施設と学校（小学校・中学校・高等学校・特別支援学校等をいう）の連携には保護者の了解を得た上で進める必要があるだろう。

　また，家族との信頼関係ができている相談機関，医療機関が，保護者の依頼や了解を得て，就学先の学校へ発達上の問題点に関する情報を文書で伝える等も連携方法の一つである。

（２）地域社会への参加及びインクルージョン[10] への理解

　障害のある子どもについては，その能力や可能性を最大限に伸ばし，自立や社会参加に必要な力を培うため，一人一人の教育的ニーズに応じ，多様な学びの場において適切な指導を行うとともに，必要な支援を行う必要がある。

　地域社会への参加としての利用施設は，就学前施設・児童館等がある。

　保育所保育指針[11] において「障害のある子どもの保育については，一人一人の子どもの発達過程や障害の状態を把握し，適切な環境の下で，障害のある子どもが他の子どもとの生活を通して共に成長できるよう，指導計画の中に位置付けること」とある。

　子どもの状況に応じた保育を実施する観点から，就学前施設では家庭や関係機関と連携した支援のための計画を個別に作成する等，適切な対応を図ることが重要となる。

　この場合，療育機関・医療機関・福祉サービス等と連携し，子どもの発達に応じた一貫した支援の継続ができる支援体制が必要になる。

　また，就学前施設への就園にあたっては，医療機関・母子保健等関係機関と連携した専門の職員の相談体制が必要である。

　2018（平成30）年度から開始された障害者基本計画（第４次）[12] においては，基本的考え方として，「共生社会の実現に向け，障害のある子供と障害のない子供が可能な限り共に教育を受けることのできる仕組みの整備を進めるとともに，障害に対する理解を深めるための取組を推進すること」等を掲げている。

　また，『令和元年版 障害者白書』によると，2017（平成29）年に特別支援学

10）　インクルージョン(inclusion)：包摂を意味するが，ここでは障害児と健常児が同じ場で共に学ぶこと。

11）　厚生労働省『保育所保育指針』〔第１章 ３（２）〕，2017.

12）　「障害者基本法に基づき策定される，政府が講ずる障害者の自立及び社会参加の支援等のための施策の最も基本的な計画」
内閣府「障害児基本計画（第４次）」2018.

校小学部・中学部学習指導要領を公示し，「① 重複障害者である子供や知的障害者である子供の学びの連続性，② 障害の特性等に応じた指導上の配慮の充実……自立と社会参加に向けた教育等を充実させた」[13]とある。

13）　内閣府『令和元年版　障害者白書』2019. p.36.

　障害のある小学生・中学生・高校生の利用施設としては，特別支援学校や特別支援学級等がある。通級による指導については，高等学校段階において，小・中学校等のような通級による指導が制度化されていなかったことから，文部科学省は高等学校における通級による指導の制度化に向けた検討を行い，2016（平成28）年に関係する省令等を改正した上で，2018（平成30）年度から開始している。

　また，文部科学省は，障害のため通学して教育を受けることが困難な児童生徒に対して，養護学校等の教員が家庭や医療機関等を訪問し教育を行う訪問教育を行っている。

　2018（平成30）年５月１日現在，小学部1,242人，中学部769人，高等部869人の児童生徒が，この訪問教育を受けている。

　原子によると「障害」とは「自身の障害や社会的バリアにより，日常生活に困難があることであり，障害は個人の要因，社会的バリアは社会環境の要因といえる」[14]と述べている。病気やけがは治療すれば治るものが多いが，障害は人間が社会生活を営んでいく上で必要とされる能力が回復しないために，長期間において生活に不自由を生じてしまう。しかし，決して自立した生活が不可能ではない。社会的要因の部分においては，周りの対応や環境，考え方によって大きく変化するということである。

14）　咲間まり子編著『コンパス　保育内容総論』建帛社, 2016, p.79.

（3）インクルージョンの推進における現状と課題

　障害のある子どもや発達に課題がある子どもが地域の保育・教育等の支援を受けられる体制をどのようにつくっていくかという課題がある。

　それは，就学前施設での受け入れをいかに促進できるか，あるいは障害のある子どもを受け入れる際に保育者・教育者の専門的スキルの向上をどのようにしていくのか等の課題ともいえるだろう。

　また，障害受容が難しい保護者への支援は，保育者・教育者が子どもの特性や課題等について十分に理解ができ，保護者にいかに寄り添った相談・支援ができるか等，専門性も問われる。

　さらには，生活基盤としての地域社会での理解を受けるには，あるいは，地域で自立して生活をしていくための体制をどのように作っていくか等，課題も多いのが現状である。

　地域としてインクルージョン保育・教育を推進するためには，就学前施設や

小学校，特別支援学校等と連携を図りながら支援を行うとともに，障害理解のために，学校間や学級間，就学前施設間，そして地域交流やの取り組みが必要である。

1）就学前施設における障害児保育の課題

インクルーシブ保育を実施する就学前施設等では，施設の受け入れ態勢に子どもの障害の状況や保護者の状況が合致しない場合，その施設には入れないという問題がある。これは，施設側では専門的な対応ができる保育者確保等の保育者側の事情もあり，スムーズにお互いの考えが合致できない場合も多い。

また，障害のある子どもの保護者が経済的理由等により働くこと，働き続けることは，様々な不安やリスクを感じることも多い。これは，障害のある子ども，ない子ども，どちらの保護者でも共通する課題であるが，保護者支援の観点からも保護者の不安や困ったことを解消する保育サービスとして，障害児保育の充実が望まれる。

2）就学前施設の保育者の課題

障害のある子どもは，その障害種により生活上の困難な部分があり，適切な配慮が必要である。インクルーシブ保育を行っている就学前施設においても，施設側には受け入れるシステムがあったとしても，保育者に障害についての知識や経験が不足していて，十分なサポートができない場合もあり，保護者とのきめ細かい情報交換や，時には医療機関等の関係機関との連携も必要になる。

保育者は，障害のある子ども，ない子どもに対して，基本的には質的に同じ保育・教育を行うが，障害のある子どもへ配慮しなければならないことに対して十分に認識し，行っていくことも重要である。

その時に気を付けなければならないことは，障害のある子どもも，ない子どもも，一人一人の個性を尊重し，注意するべき点があるということである。つまり，子どもの持っているよさを伸ばすために保育・教育することにおいては，同じ姿勢が必要ということである。インクルーシブ保育において必要となる知識や経験は，保育者にとってとても貴重なものであり，それを得ることで保育者自身の大きな成長や自信，そして，専門性につながっていくと考える。

さらに保育者のより専門的なスキルアップとしては，障害児保育を専門的に学ぶ等，多くの努力や経験が必要である。そのためには，研修会等に積極的に参加するとよいだろう。そして，その過程で身に付くより専門的で高度な知識・技術は，自身のためにも生かされることになる。

15）　医療的ケアが必要な子どもとは、医学の進歩を背景として、NICU等に長期入院した後、引き続き人工呼吸器や胃ろう等を使用し、たんの吸引や経管栄養等の医療的ケアが日常的に必要な障害児のこと。
　厚生労働省「平成29年度医療的ケア児等の地域支援体制構築にかかわる担当者合同会議」

16）　前掲書13）, p.47.

17）　全国保育協議会「全国保育協議会会員の実態調査報告書2016」2017.

3）医療的ケアが必要な子ども[15] に対する支援

　就学前施設や特別支援学校等には、医療的ケアを必要とする乳幼児及び児童生徒が在籍しており、生活や学習を行う上で適切に対応することが求められている（第11章、p.116参照）。

　2012（平成24）年4月から一定の研修を受けた介護職員等は一定の条件の下にたんの吸引等の医療的ケアができるようになったことを受け、特別支援学校等の教師等についても、制度上実施することが可能となった[16]。

　就学前施設での医療的ケア児の保育にあたっては、看護師の存在は欠かすことができない。しかし、看護師・保健師・准看護師のいずれかが配置されている保育所・認定こども園等は全国でも約3割[17]にとどまっている。一方、医療的ケア児の保育に関する支援としては、2017（平成29）年度から国において「医療的ケア児保育支援モデル事業」が始まり、保育所等における看護師等の配置等、医療的ケア児の受け入れ体制の整備に対する補助が行われている。

　文部科学省は、2011（平成23）年10月より「特別支援学校等における医療的ケアの実施に関する検討会議」を開催し、特別支援学校等において医療的ケアを必要とする児童生徒等の健康と安全を確保するにあたり留意すべき点等について整理を行い、都道府県・指定都市教育委員会等に通知した。

表1－1　医療的ケアを必要とする幼児児童生徒

区　分	特別支援学校で医療的ケアが必要な幼児児童生徒数（2017年度）（　）は2016年度				
	幼稚部	小学部	中学部	高等部（専攻科除く）	合　計
通学生	41 (36)	3,011 (2,089)	1,532 (973)	1,477 (1,029)	6,061 (4,127)
訪　問教　育	0 (0)	1,059 (860)	550 (372)	548 (542)	2,157 (1,774)
合　計	41 (36)	4,070 (2,949)	2,082 (1,345)	2,025 (1,571)	8,218 (5,901)

小・中学校等で医療的ケアが必要な児童生徒数（2017年度）		
通常の学級	特別支援学級	合　　計
271	587	858

出典）　文部科学省「平成29年度特別支援学校等の医療的ケアに関する調査結果について」

　表1－1によると、2017（平成29）年5月1日現在、医療的ケアを必要とする幼児児童生徒が特別支援学校に8,218人在籍しており、全在籍者に対する割合は6.0％である。また、同調査では、対象となる幼児児童生徒数については、2006（平成18）年度の5,901名から8,218名〔2017（平成29）年度〕と、2,317名増

えており大幅な増加傾向にある。

　この8,218名の幼児児童生徒が一人で複数の医療的ケアを必要としている現状がある。しかし，認定特定行為業務者[18]に許容されている行為は，鼻腔に留置されている管からの栄養注入等であり，全体の48.2%にすぎない。

　さらに，医療的ケアに対応するために公立の特別支援学校，小・中学校に配置されている看護師は，2017（平成29）年度に1,807名と，2006（平成18）年度の707名から1,100名増えており，大幅な増加傾向にある[19]。

　文部科学省では，特別支援学校や小・中学校における医療的ケアを必要とする児童生徒の教育の充実を図るため，看護師の配置に必要な経費の一部を補助している。また，学校において高度な医療的ケアに対応するため，医師と連携した校内支援体制の構築や，医療的ケア実施マニュアル等の作成など，医療的ケアの実施体制の充実を図るモデル事業を実施し，2017（平成29）年には，「学校における医療的ケア実施に関する検討会議」を設置し，医療的ケアをより安全かつ適切に実施できるよう，さらなる検討を行っている。

　現在，特別支援学校等への就学の特殊事情に鑑み，保護者の経済的負担を軽減し，その就学を奨励するため，教科用図書購入費，交通費，寄宿舎居住に伴う経費，修学旅行費等，就学のために必要な諸経費について，保護者の経済的負担能力に応じて，その全部または一部を助成する特別支援教育就学奨励費が保護者に支給されている。

　今後は，就学前施設，学校においては，障害のある乳幼児・児童を支援・指導するにあたり，まず，乳幼児・児童の障害の種類や程度を的確に把握し，全ての教育者（小学校・中学校・高等学校・特別支援学校等の教論をいう）・保育者が障害について正しい理解と認識を深め，連携に努める必要がある。

18)　**認定特定行為業務従事者**：一定の研修，業務の登録認定を受けた上でたんの吸引，経鼻経管栄養等の特定行為を実施することができる職員等。

19)　文部科学省「平成29年度特別支援学校等の医療的ケアに関する調査結果について」2018.

演習課題

課題1：インクルーシブ保育とは，障害のある子どもの発達にどのような影響があるか調べてみよう。

課題2：障害のある子どもや保護者への理解について考えてみよう。

課題3：次頁コラムタイトルの「障害児である前に『子ども』」について話し合ってみよう。

コラム　障害児である前に「子ども」

　保育所の３歳児クラスに障害（肢体不自由）のある子どもが入所してきた。当初は，障害児に保育士を加配しなければならないこと，他の子どもたちに負担がかかるのではないかとの心配があった。しかし，実際に保育がスタートすると，周りの子どもたちの優しさあふれる言葉や態度に心配は一笑に付されることになる。

　下記は入所当時とその後の様子である。

●初めての保育所　４月

　担任に抱っこされるが不安がって大泣きする。そこで，保育所に慣れるまではと１時間ほどで降園することにする。他の子どもたちは，「なんで歩けないの」「足が痛いの」と不思議がっている。そばに寄って来る子どもがほとんどであったが，警戒して遠くから見ている子どももいる。

●お遊戯会　12月

　たくさんの観客の前でも驚いたり不安がったりすることもなく，遊戯の曲に合わせてリズムをとったりマラカスをふったりして喜ぶ。

　他の子どもたちは，「上手にできたね」「泣かなかったね」と本児の頭をなでてほめている子どももいる。降園時には，保護者に抱っこされている本児に集まり「また明日ね」「バイバイ」と手を振って握手する。

写真１－１　大学での車椅子体験

注）授業で学生たちは支援する側，支援を受ける側の両方を体験し，利用者の気持ちに寄り添って支援する大切さを学習する。

第2章 特別支援教育・障害児保育の基本

　教育・保育は障害の有無にかかわらず，全ての子どもに保障されるべき権利であるという考え方は，特別支援教育・障害児保育において不可欠の視点である。本章では特別支援教育・障害児保育の歩みと制度について，権利としての教育という視点から学ぶ。また，特別支援教育・障害児保育の実践の基盤となる障害の理解について，社会モデルと障害のある当事者の経験という視点から学ぶ。最後に，3つの事例を交えて障害のある子どもの理解と発達の援助について考える。

1. 特別支援教育・障害児保育の歩みと制度を学ぶ

　ここでは権利としての教育という観点を中心に，特別支援教育・障害児保育が辿（たど）った歴史的な歩み，現在の特別支援教育・障害児保育を支える理念や制度について説明する。

　特別支援教育・障害児保育の成立を支えてきた動因の一つとして，社会的有用性の観点は外すことができない。障害のある子どもを就労可能な状態へと教育することによって社会が利益を得るという考えであるが，就労の可能性の有無によって障害のある子どもの分離や排除を正当化する側面もあった。

　特別支援教育・障害児保育の成立を支えてきたもう一つの動因であり，今後私たちの実践を支える理念として重視されなければならないのは，権利としての教育の観点である。つまり障害のある子どもも含め，全ての子どもが教育を受ける権利[1]を保障されるべきであるという考えである。自分のニーズに合った教育を受ける権利は障害の有無にかかわらず，全ての子どもが享受すべきものであるという考えは，特別支援教育・障害児保育について考える上で不可欠の視点である。

（1）特別支援教育・障害児保育を支える基本理念

　まず，特別支援教育・障害児保育に関する基本理念について紹介する。
　最も重要なものとして北欧の福祉思想に起源をもつノーマライゼーションが

1）　後述するサラマンカ宣言では「すべての子どもは誰であれ，教育を受ける基本的権利をもち……（後略）……」と述べられている。また，日本国憲法第26条第1項には「すべて国民は，法律の定めるところにより，その能力に応じて，ひとしく教育を受ける権利を有する」と記されている。

ある。ノーマライゼーションの理念は障害のある人々の生活条件の改善を目指す実践（権利の実現）を世界に広げる役割を果たした。

ノーマライゼーションの理念を実現するために教育・保育の分野には，インテグレーション（統合），インクルージョン（包摂）という考えがあるので以下に紹介する。

1）ノーマライゼーション

ノーマライゼーションの理念は，1950年代にデンマークの行政官であるバンク‐ミケルセンによって提唱されたもので，当初は主に知的障害者の処遇にかかわって用いられた。その後，ノーマライゼーションの理念はスウェーデンの知的障害者の親の会のオンブズマンとして活動していたベンクト　ニィリエによって発展させられ，1971（昭和46）年の知的障害者権利宣言[2] の中で初めて国際的に公式に用いられた。

ノーマライゼーションの主要な目標の一つは障害者の生活条件の改善である。1950年代まで知的障害者への処遇の中心は大規模施設への隔離であった。アメリカの作家，パール　バックが障害のある娘について記した手記[3] にはこうした施設における非人間的で劣悪な処遇が描かれている。

パール　バックはこの手記の中で娘の幸せを心から願う気持ちを述べる一方，娘が「永遠に安全」であるために娘に死が訪れることを願っていると記している。また，知的発達のある子どもを殺した人たちに対して，その行為の裏にある「愛と絶望の気持ち」に対して「心の底から同情せざるをえない」とも述べている。障害のある人々を擁護する専門委員会の議長も務め，障害者の権利のための社会啓発に尽くした彼女がこのように述べざるをえなかったことに，当時の知的障害者を巡る状況の厳しさをうかがうことができる。

ノーマライゼーションはこうした権利と尊厳を奪われた障害者の状況を改善することを目指すものである。ノーマライズする（普通にする）ということの裏には，障害者に対してそれまで保障されていなかった人間として当然あるべき条件を取り戻すという意味が込められている。しかし，このことは障害をなくす（ノーマルにする）ということではなく，生活条件をノーマルにするということである。身体的な条件としての障害そのものをなくすことは困難である。バンク‐ミケルセンによれば「たとえ障害があっても，その人を平等な人として受け入れ，同時に，その人たちの生活条件を普通の生活条件と同じものとするよう努める」[4] というのがノーマライゼーションの考え方である。

2）　**知的障害者権利宣言**：第26回国連総会で採択された宣言。知的障害者に対して『最大限実行可能な限り』という留保条件をつけながらも，健常者と同等の生活保障の権利を認めたものであり，障害者の権利宣言の前駆となった。

3）　パール　バック，伊藤隆二訳『母よ嘆くなかれ』法政大学出版局，1993．原題は *The child who never grew*（決して成長することのなかった子ども）であり，知的に障害のある子どもに対する当時の見方をよく表している。

4）　花村春樹訳・著『「ノーマリゼーションの父」N・E・バンク‐ミケルセン　その生涯と思想』ミネルヴァ書房，1994．p.155.

2）インテグレーションとインクルージョン

　ノーマライゼーションの流れを受けて，教育・保育の分野において障害のある子どもが障害のない子どもと共に分け隔てなく教育を受ける機会を保障すべきであるという考えが広まった。

　図2－1はインクルージョン（包摂），インテグレーション（統合），エクスクルージョン（排除），セグリゲーション（隔離）の各概念を模式図で表したものである。

　③のインテグレーション（統合）は②のセグリゲーション（隔離）と対峙する概念で，障害児・者を分け隔てなく社会に受け入れることを意味する。障害のない子どもと障害のある子どもを分離することが主流であった教育の現場に変化をもたらす上で重要な概念であった。

　しかし，インテグレーションは障害のない子どもと障害のある子どもの区別を前提とした上で，前者の教育の場に後者を合流させようというものであった。そのため，障害のある子どもが，障害のない子どもの生活や学習の環境への適応を強いられるという側面もあった。例えば，集団活動の場面でそれを行うことに困難さを覚える障害のある子どもが自分の言動等を変えさせられる形で参加することを求められるというようなケースがあげられる。

　他方，④のインクルージョン（包摂）は①のエクスクルージョン（排除）と対峙する概念で，排除されてきた人々を受け入れる社会を目指すものである。

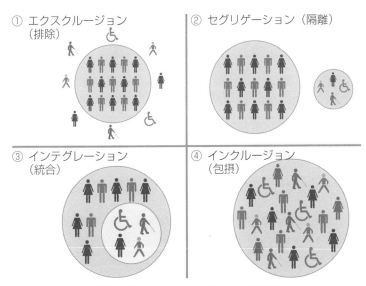

① エクスクルージョン
　（排除）

② セグリゲーション（隔離）

③ インテグレーション
　（統合）

④ インクルージョン
　（包摂）

図2－1　インクルージョンの概念図

出典）Christel Prado, *Mieux accompagner et inclure les personnes en situation de handicap : un défi, une nécessité*, CONSEIL ÉCONOMIQUE, SOCIALET, ENVIRONNEMENTAL, 2014, p.21の図を基に著者が一部調整．

同じ教室・保育室で学んでいても障害のある子どもが集団への適応を求められる中でそれに失敗し，障害のない子どもに排除されることはありうる。

インクルージョンは子どもを障害の有無によって区別する発想に立たない。同じ教室・保育室で学んでいても，全ての子どもがユニークな特性，関心，能力及び学習のニーズを持つため，障害の有無にかかわらず一人一人が異なる存在であることが前提となる。インクルージョンには「包み込む」という意味がある。多様な子どもを包み込むこと，一人一人異なる教育的ニーズに対して適切な支援がなされ，全ての子どもの学ぶ権利を保障することが目指される。

一人一人異なるニーズを満たすという時，対象となるのは障害のある子どもだけではない。貧困や母語の違い，セクシャリティ等の要因を背景とした学習上の困難を抱える子どもたちもいる。また，マイノリティーとして認識されることのない子どもにもそれぞれ固有のニーズがあり，学習上のつまずきを経験する可能性がある。一人一人異なるニーズをもつことを前提としたインクルーシブ教育の実現のためには，いわゆる「平均的な」子どもを想定した従来の画一的なカリキュラムを変えていく必要がある。

（2）世界の特別支援教育・障害児保育の歩み

障害のある子どもに対して特別な施設を設けて集団として教育を行うというのは18世紀後半以降であり，当初はヨーロッパや北米に限られた現象であった。

近代以降の障害のある子どもに対する教育は，2つの方向性が混在する形で発展していったといえる。一つは産業革命の中で資本主義が生んだ社会問題への対応として社会的有用性の観点から「職業的自立を目指す方向性」であり，もう一方は，市民革命の中で提起された「権利としての教育を実現する方向性」である。

就労の可能性を高める教育的な成果の確立によって義務教育の必要性が広く認識され，早期に発展したのは視覚障害児や聴覚障害児の教育であった。視覚障害児と聴覚障害児への教育は早くは1870年代にドイツの州・市レベルで実施され，国のレベルではノルウェー〔1881（明治14）年〕，スイス〔1890（明治23）年〕で法制化された。

他方，社会的有用性の観点から組織的な教育の開始が最も困難だったのは「白痴」や「精神薄弱」と称された知的に障害のある子どもであった。19世紀にフランスのセガンの生理学的教育法[5]等に刺激を受けて白痴学校がヨーロッパ各地で開設されたものの，白痴の「治癒」に対する高い期待は職業的自立の面からは裏切られた。そのため，重い知的障害のある子どもに対する職業的自立への期待は社会的負担の軽減を主眼とした白痴学校の施設化＝大規模・

5）　知的障害児の教育を本格的に創始したフランス人教師，セガンによって実践された教育法。教育をより実証的なものにするために当時発展しつつあった生理学の知見を教育に適用することを試みた。

隔離化に転回し，権利としての教育の機会の保障を困難にした。

　このように，障害のある子どもの権利として教育をとらえる理念は，就労可能性の有無という社会的有用性の観点からある面では促進され，ある面では限界づけられていた。「世界児童憲章」〔1922（大正11）年〕，「児童の権利に関するジュネーブ宣言」〔1924（大正13）年〕等において全ての子どもの学ぶ権利が認められたが，十分に開花することはなかった。

　障害のある子どもの権利としての教育が根付くのは先述したノーマライゼーションの理念の広がりを待つ必要があった。「障害者の権利に関する宣言」〔1975（昭和50）年〕においては障害者が「同年齢の市民と同等の権利を有する」ことが確認され，障害児の教育が社会的統合のために不可欠のものとして位置付けられた。「子どもの権利条約」〔1989（平成元）年〕においては，第23条の「障害児の権利」において初めて障害のある子どもの権利が独立の条項として設けられた。

　「サラマンカ宣言」[6]〔1994（平成6）年〕では「特別な教育的ニーズ」の概念が用いられ，障害のある子どもと障害のない子どもを分離して障害カテゴリー別に行う特殊教育から，通常学級を主にして障害のある子どものみならず全ての子どものニーズを満たすことを目指すインクルーシブ教育への転換を各国に呼びかけるものであった。そして，「障害者の権利に関する条約」〔2006（平成18）年〕は障害者の権利を実現するための措置を規定し，インクルーシブな教育システムの確保のための合理的配慮の提供等を求めている。

　このように権利としての教育の理念が確立されていく中にあっても，社会的有用性という観点の影響力が存続していることに留意したい。ノーマライゼーションの理念の普及は福祉国家路線の綻びが露呈し，小さな政府と市場原理を基本路線とする新自由主義政策が広まった時代と軌を一にしていた。福祉や教育の充実による障害児の権利保障という本来の理念には反する形で，インテグレーションやインクルージョンという考えが，単に障害児の学校や学級を縮小させ予算を削減する口実として利用されることもあった。

6）「特別なニーズ教育に関する世界会議」（スペイン・サラマンカにて開催）で採択された宣言。

（3）日本の特別支援教育・障害児保育の歩み

　日本の特別支援教育・障害児保育の歩みにおいても初めに発展したのは，社会的有用性の観点から成果をあげた聴覚障害児や視覚障害児の教育であった。

　日本で最初の障害のある子どものための学校は1878（明治11）年に開設された京都盲唖院であったといわれる。1872（明治5）年の学制においては「廃人学校」という表現で障害児のための学校の必要性が記されている。障害のある子どもの教育に関して当時，強調されたのは「無用」な存在である障害児を

7）　糸賀一雄（1914～1968年）：日本の「障害児福祉の父」と呼ばれる。第二次世界大戦後に知的障害児施設「近江学園」を創設したことで知られる。障害のある子どもこそ「世の光」であるとする「この子らを世の光に」という考え方を提唱した。

8）　日本の歴史の中で形成された身分階層構造に基づく差別により，特定の地域（被差別部落）に生まれた人々が様々な形での社会的不利益を受け，不平等を強いられてきた人権上の問題を同和問題と呼ぶ。こうした同和問題の解決を目指して行われる教育的営みが同和教育である

9）　特殊教育：障害の種類や程度に応じて盲・聾・養護学校や特殊学級等，通常の学校や学級とは異なる特別な場で行う教育。

10）　特別支援教育：障害のある子ども一人一人の教育的ニーズを把握しながら，その持てる力を高め，生活や学習上の困難を改善または克服するために，適切な指導及び必要な支援を行う教育。障害のある子どもの教育にとどまらず，障害の有無やその他の違いを認識しつつ，様々な人々が生き生きと活躍できる共生社会の基礎となることが目指されている。

「有用」にするという社会的有用性に基づく発想であった。そのため，盲・聾教育の分野に比べて就労に結びつくことの少ない知的障害児の教育が公的な教育政策として広く普及することはなかった。

第二次世界大戦後，日本国憲法や教育基本法の制定を背景として障害のある子どもの教育権の保障に関する議論が活発化し，1948（昭和23）年には盲・聾教育については義務制度が確立された。しかし，障害児の教育権の保障はなお社会的効率性の追求や社会負担の軽減という枠組みの中に限定されており，職業的自立が困難な知的障害児等は就学猶予・免除という制度の下で特殊教育の場からも排除されていた。この間，教育不可能とされた知的障害児や重症心身障害児の教育を担っていたのは糸賀一雄[7]等に代表される福祉実践であった。

1960年代以降，同和教育運動[8]と連動しながら障害児教育を権利としてとらえる認識が草の根で広がり，1979（昭和54）年に養護学校義務教育制が実施された。その結果，就学猶予・免除は激減し，障害のある子どもと障害のない子どもの交流教育等も始まっていく。サラマンカ宣言を受ける形で2006（平成18）年には学校教育法が改正され，特殊教育[9]から特別支援教育[10]への転換が図られた。

こうした動きを通して障害のある子どもの権利として教育をとらえる理念は一定の浸透を見たが，後述するように障害のある子どもと障害のない子どもが共に学ぶインクルーシブ教育の実現の観点からは今も不十分な点が残る。

（4）日本の特別支援教育・障害児保育の制度と現状

特別支援教育・障害児保育を行う場は，厚生労働省管轄のものと文部科学省管轄のものに分かれる。前者には保育所，障害者通所施設，障害者入所施設，医療機関等がある。後者には幼稚園，小・中学校の通常学級，特別支援学級，通級による指導，高等学校，特別支援学校等がある。

2008（平成20）年の厚生労働省の資料によれば，就学前の在宅で暮らす障害児の日中活動の場の割合は身体障害児においては保育所33％，幼稚園16％なのに対し，知的障害児では保育所16％，幼稚園8％である[11]。障害のある子どものインクルージョンが特に知的障害児において不十分な状況が浮き彫りになっている。

2018（平成30）年の文部科学省の資料によれば，義務教育段階において特別支援教育の全対象児は全児童数の4.2％であり，特別支援学校在籍児が0.7％，特別支援学級在籍児が2.4％，通常学級在籍児（通級による指導を受ける）が1.1％である[12]。通常学級において障害のない子どもと共に学ぶことができているのは対象児童の中の4人に1人程度であることが分かる。データの性質等が異

なるために単純な比較はできないが，全児童数に占める特別支援教育の対象児が日本と同程度の国と比較した場合，国立特別支援教育総合研究所の調査に基づくと，例えばフランスで５割以上，イタリアで９割以上の子どもが通常学級で学んでいることが分かる[13]。以上を踏まえれば，インクルーシブ教育の実現という側面において，日本はまだ十分な水準に達しているとはいえない。

障害のある子どもの就学先の決定は，各分野の専門家からなる「教育支援委員会」（自治体毎に名称は異なる）による。子ども一人一人の障害の状態・教育支援内容・地域の教育体制の整備状況・専門家（教育学・医学・心理学等）の専門的見地，学校や地域の状況等を踏まえた総合的判断において，市町村教育委員会が最終決定する。その際，本人・保護者の意向，本人の教育的ニーズの十分な聴取を行うことが義務付けられており，保護者との合意形成がなされることが前提とされている。

障害者の権利に関する条約批准に向けた国内法整備の一環として「障害を理由とする差別の解消の推進に関する法律（障害者差別解消法）」が2016（平成28）年に施行された。この法律は，障害のある本人の意思表明に基づく合理的配慮を行政機関・地方公共団体等に義務付けるものである。合理的配慮は障害者が他の者と平等に人権や基本的自由を享受するために必要な措置であり，教育・保育の現場でも必要な人員の確保や環境整備，カリキュラムの編成や教材等の配慮が求められることになる。

２．障害の理解と教育・保育における発達の援助

ここでは障害の理解にかかわる論点を個人（医療）モデルと社会モデルの違い，障害のある本人の経験という観点から概観し，事例に基づいて教育・保育における援助について考えていく。障害をどのように理解するかは障害のある子どもの教育・保育を考える上で重要な意味をもつ。今日，特に重要と考えられるのは，障害は，人と人との間で生じるものであり，社会的障壁を取り除くことによって障害者の生きづらさを軽減することができると考える社会モデルの視点と，障害のある当事者の経験を基に障害について考える視点である。

（１）障害の理解について

障害を理解する視点として，社会モデルという考え方が障害学の中で提示されてきた。社会モデルと対比されるのは個人モデルである。

個人モデルは障害を医学的・生物学的視点からとらえ，障害者の特定の身体的，知的，精神的特質について，治療を必要とする欠損や異常と考える。個人

11）厚生労働省「就学前の支援策」（第４回障害児支援の見直しに関する検討会参考資料），2008，p.2.

12）文部科学省「特別支援教育の現状と課題」（平成30年度全国特別支援学級設置学校長協会定期総会第１回全国理事研究・研修協議会資料），2018，p.2.

13）国立特別支援教育総合研究所「７．諸外国における障害のある子どもの教育」国立特別支援教育総合研究所ジャーナル第４号，2015，p.64.

モデルにおいて障害は当事者である個人の中にあると考えられ，治療や訓練，適応によって個人が対処すべき問題であると考える。

　他方，社会モデルでは障害は個人の中にあるのではなく，人と人の間で生じるものと考える。つまり，障害者の生きづらさの原因は障害者個人にあるのではなく，彼らを排除する社会の側にあるということである。四肢の欠損，身体構造や機能の不全としてのインペアメント（impairment）は個人の特質として存在する。しかし，インペアメントのある人々にとって不利な条件や活動の制限を課しているのは社会である。このように，今の社会のあり方から生じる不利益や活動の制限を社会モデルではディスアビリティ（disability）と定義する。社会モデルでは障害者を排除する社会的障壁を取り除き，ディスアビリティの形成を防ぐことが目指される。

　視覚障害や聴覚障害のように個人的要因としてのインペアメントと社会的要因としてのディスアビリティが明確に区別される障害に比べ，発達障害のように両者を区別しづらい場合には障害が社会に左右される側面がさらに強くなる。日本における自閉症スペクトラム障害に関する学説の歴史的変遷を研究した小澤勲によれば，自閉症を精神病として見るカナーの学説に代わって脳障害に起因する言語・認知障害と考えるラターの学説が受容されたのは，精神医学的治療の失敗を受けて自閉症児の処遇を養護学校や福祉施設に移行することを目指す国家に都合のよいものだった。小澤は障害の理解にかかわるこの学説上の解釈は医学研究と称して国家的処遇方針を後追い的に裏付けたにすぎないという[14]。小澤の研究は障害の理解にあたって客観性が求められる科学的な知見でさえ，社会的，政治的な利害に左右されてしまう可能性を示唆している。

　障害学とは異なる学問分野であるが，ヴィゴツキー[15] の心理学は障害のある子どもに対する社会モデルに基づく教育について考える上で示唆に富むものである。ヴィゴツキーは他者とのコミュニケーションを通して言葉を始めとする文化に触れ，それらを内面化することで自然的な素質や機能を変化させていくことに人間の発達の特質があると考えた。この人間における文化的発達の法則は障害の有無にかかわらず同じである[16]。

　では，障害のある子どもとない子どもの違いは何か。ヴィゴツキーはそれを障害による身体的な機能と文化との不適合にあると考える。聴覚障害者が話し言葉の使用に困難を覚え，視覚障害者が書き言葉の使用に困難を覚えるように，文化は障害のない人に合わせてつくられており，障害者のコミュニケーションへの参入を阻んでいる。そのため，身体的な一次的障害が文化的発達の停滞という意味での二次的障害を生んでしまう。ヴィゴツキーは手話や点字といった代替手段（＝「回り道」）の使用によってコミュニケーションに参加し，文

14)　小澤 勲『自閉症論再考』批評社，2010，pp.124-158.

15)　**レフ ヴィゴツキー**（1896〜1934年）：旧ソ連において活躍した心理学者。人間の文化的発達を主なテーマとする数々の著作，論文を残すが，結核のため37歳の若さで死去した。彼の理論は旧ソ連における障害児の教育にも多大な影響を与えた。

16)　レフ ヴィゴツキー，柴田義松監訳『文化的–歴史的精神発達の理論』学文社，2005.

化に触れることができれば障害のある子どもの二次的障害は防ぐことができると考える。ヴィゴツキーは障害のある子どもにとって身体的機能を補うための基礎的な訓練よりも，教師や仲間とのコミュニケーションの中で文化に触れることを通して高いレベルの思考の発達を促す教育の方が重要であると考えた[17]。

　障害を理解する上で忘れてはならないのは障害のある当事者の視点である。自閉症スペクトラム障害のある東田直樹は会話によるコミュニケーションは困難だが，文字表の文字を指さすことによって自らの経験を綴り，書籍として出版している[18]。そこには周囲からは理解しづらい振る舞いの奥で東田が経験している複雑な心の動きが記されている。また，周囲の誤解や無理解に苦しみながらも他者とかかわりたいという思いを東田が抱いていることが著書からは分かり，自閉症スペクトラム障害に関する否定的な常識を考え直させられる。

　自閉症スペクトラム障害のある綾屋紗月と脳性麻痺者の熊谷晋一郎は専門家による語りに頼らず，自分の体験を内側から語るための方法としての当事者研究の可能性を提起している。自分の経験を研究の論理によって共有できる言葉にしていくことを通して，障害のある当事者が違いや多様性を認め合いながら仲間としてつながり続ける道が開けると綾屋と熊谷は述べている[19]。

17）レフ　ヴィゴツキー，柴田義松・宮坂琇子　訳『障害児発達・教育論集』新読書社，2006．

18）東田直樹『自閉症の僕が跳びはねる理由』角川文庫，2016．

19）綾屋紗月・熊谷晋一郎『つながりの作法　同じでもなく違うのでもなく』NHK出版，2010．

（2）教育・保育における障害の理解と発達の援助の事例

事例2－1　ヴィゴツキーのいう「回り道」を用いた教育

　ある特別支援学校の中学1年生の全盲クラスでは，美術の授業で自分たちが粘土で作った作品を手で触れることを通して「鑑賞」する。生徒は友だちの作品を「これは尻尾だね。分かった，これは犬じゃない？　目はここかな？」等と，自分の手の感触で発見したことを具体的で的確な言葉で表現していく。その発見を先生がほめると生徒たちはうれしくなってまた何かを探し当て，言葉にしていく。

　全盲の子どもたちは視覚を通して作品を理解することができない。しかし，このクラスでは手の感触とそこから得た発見を言葉によって詳細に表現していくことを通して健常児とは異なる形で作品を「鑑賞」している。

　自らの体験を言葉と結び付けていくというプロセスには視覚障害者という枠を越えた学びの本質が表れているといえる。ヴィゴツキーは障害を一次的障害と二次的障害に区別してとらえ，障害者がコミュニケーションへ参入することを可能にする「回り道」を用いることで文化的発達の停滞としての二次的障害を防ぐことができると述べていた。触覚とその触覚に支えられた言葉がここではヴィゴツキーのいう「回り道」の役割を果たしており，美術という文化と子どもたちを結び付けている。

事例2－2　違う，足！

　ある幼稚園で年長クラスに在籍する肢体不自由児のA児は下肢にまひの症状があり，立つことや歩行が困難である。明るい性格でクラスでいつも友だちの輪の中にいるが，事情を知らない年中児や年少児が無邪気に「何でAちゃんは歩けないの？」等と聞いてくる場面では先生はA児の気持ちに配慮しながら返す言葉に迷うことがしばしばあった。ある日，A児を含む何人かでサッカーをすることになった。A児は手で相手にパスをする。初めてA児に向けてパスをする場面になった時，思わず先生も手でパスをした。すると，A児は大きな声で「違う，足！」と抗議した。

　先生は日頃よりA児が自分の障害をどのように受け止めているか，分かりかねていた。この時に思わず手でパスをしたのは先生も迷いを抱えながらの行動だったが，そこには足で強いボールを蹴ってA児がけがをしないようにという配慮や，一人だけ手でパスをするA児が疎外感を感じないようにという配慮が含まれていた。無意識に障害のあるA児へ配慮し，守るべき存在という前提で見てしまっていたといえる。

　ところが，A児は先生のそうした配慮とは裏腹に，みんなと同じように自分にも足でパスを出してほしいと願っていた。本章でノーマライゼーションとは「障害をなくす（ノーマルにする）ということではなく，生活条件をノーマルにすることである」と述べたが，A児はまさに障害があっても周りと同じように「ノーマル」に接してもらうことを望んでいたのである。障害のとらえ方は子ども一人一人違い，同じ場面で誰もがA児のように感じるとはいえないが，「配慮し，守られるべき存在」という先入観に基づくかかわりの是非について私たちに問い掛ける事例である。

事例2－3　僕の中には悪魔がいる

　小学校2年生のB児はADHD（注意欠如・多動性障害）の診断を受けている。通常学級に在籍し，学習面での遅れは見られないが，多動性や衝動性が目立ち，授業中に立ち歩いてしまうことや，友だちの関係の中で感情的になって手が出てしまうことがしばしば見られた。そのため，担任教師から注意を受けることが多くあった。また，友だちからも乱暴でこわいという目で見られてしまい，孤立しがちであった。B児自身，周囲との関係がうまくいかないことに心を痛めていて，スクールカウンセラーとの面談の中では「僕の中には悪魔がいる。そいつのせいでみんなに嫌われてしまうんだ」と話していた。B児の休み時間中の様子を観察していると，スターウォーズシリーズのダース　ベイダー等，悪役ながら自らの意思に反して悪の属性を身に付けてしまったキャラクターになりきって遊ぶ場面が見られた。

　B児の「僕の中には悪魔がいる」という言葉は自らの衝動性や多動性につい

て，B児が意味付けて述べたものである。先生や友だちとの関係性の中で自分に対して否定的な評価を下される原因となる障害特性を「悪魔」と名付けざるをえないほど，B児がクラスの中で生きづらさを抱えていたことが分かる。一方，ダース ベイダー等になりきって遊ぶ姿からこうした周囲との摩擦が彼にとって不本意なものであり，自分が本当は悪者ではないことを訴えたい（そして自分自身でもそのように信じたい）という気持ちが垣間見える。

　衝動性や多動性はADHDの診断を受けたB児の特性から生じるものであり，ヴィゴツキーのいう一次的障害にあたる。一方，そうした一次的障害による特性のために担任教師から注意されたり，友だちとの関係が悪化してしまうことは社会的な関係の中で起きていることであり，ヴィゴツキーのいう二次的障害にあたる。二次的障害についてはコミュニケーションのあり方次第で防ぐことができるものであり，クラスの中でB児の行動が否定的にとらえられてしまうことのないような配慮が求められるといえる。社会モデルの観点からも障害児の生きづらさの原因は障害児個人ではなく，彼らを排除する社会の側にあると考えることで，B児の障害特性とクラスのルールや環境設定の間で生じるミスマッチの存在が浮き彫りになると考えられる。

　児童精神科医の田中康雄はADHDの子どもたちへの支援について述べる中で，先生が子どもをけなすと周りの子どももその子をけなす，というように先生のかかわり方が，子どもたちの行動モデルとして機能すると述べている。そのため，間違った行動を注意する際にも子どもの自尊心に配慮した伝え方が求められると田中はいう。田中はこの他にも気が散らないように席をなるべく前の方にする，授業中に適宜教室内を移動してよい時間を設ける等，ADHDの子どもたちの障害特性を踏まえた支援の方法を提案している[20]。

　教育者・保育者による障害特性の理解以上に重要なことは子どもたちのことを肯定的にとらえようという心構えである。保育学者の津守真は，子どもの行為の意味が理解できない時にも何か分からないけれど，意味のあるものとして肯定的に受け取ることが，大人と子どもの関係をよりよいものへと展開させるきっかけになると述べている[21]。

演習課題

課題1：ノーマライゼーションを達成するために社会の中で私たちができることを考えてみよう。
課題2：インクルーシブな就学前施設や学校をつくるために必要なことについて話し合ってみよう。
課題3：様々な障害について，社会モデルの観点から見直してみよう。

20）田中康雄『ADHDとともに生きる人たちへ　医療から見た「生きづらさ」と支援』金子書房，2019，pp.96-128.

21）津守真『子どもの世界をどうみるか　行為とその意味』NHKブックス，1987，pp.144-145.

コラム　みんなが手話で話した島
—障害は社会の中でつくられる—

　以下はアメリカ，マサチューセッツ州南東部の大西洋海岸の沖合いに位置するマーサーズ・ヴィンヤード島を調査した文化人類学者，ノーラ グロースと島民によって交わされた会話である。

> **グロース**　「アイゼイアとデイヴィットについて，何か共通することを覚えていますか？」
> **島　　民**　「もちろん，覚えていますとも。二人とも腕っこきの漁師でした。本当に腕のいい漁師でした」
> **グロース**　「ひょっとして，二人とも耳がきこえなかったのではありませんか」
> **島　　民**　「そうそう，言われてみればその通りでした。お二人とも耳が遠かったのです。何ということでしょう。すっかり忘れてしまうなんて」[*1]

　ヴィンヤード島では外部から隔離された環境も影響して，300年以上にわたって遺伝性の聴覚障害が通常の社会に比べて極端に高い発生率を示した。グロースは島における聴覚障害者の扱われ方を調査するため，聴覚障害をもつ二人（アイゼイアとデイヴィット）について島民に聞いている。「何か共通すること」とは，ここでは当然聴覚障害のことを想定している。

　興味深いのはここでのグロースと島民のミスコミュニケーションである。グロースが二人の名前を出すことによって暗に仄（ほの）めかしている聴覚障害のことについて，島民はまるで特筆すべきことでもないかのように「すっかり忘れていた」という。多くの聴覚障害者が存在する環境に適応する形で，ヴィンヤード島ではほとんどの島民が手話を使いこなしていた。手話が使えることを前提とした生活の中で聴力が弱いことはコミュニケーションの妨げになることはなく，島民にとって「すっかり忘れてしまう」ほど取るに足らない性質ととらえられているのである。

　障害が人と人との間で生じるという本章で示した社会モデルの障害観がここによく表れている。ヴィンヤード島では生活条件を普通にするという意味でのノーマライゼーションが聴覚障害者に対して達成されており，社会的な障壁としての「障害」をなくしていたといえる。

　聴力が弱いという欠点が忘れ去られる一方で，島民が語るのは「腕っこきの漁師」であるという二人の魅力である。ヴィンヤード島は決してユートピアではなく，知的障害者や精神障害者に対する差別は存在したという。しかし，島における聴覚障害者のあり方は障害のある人が自分らしく生きることができる社会づくりのための手掛かりを示しているといえる。

　*1　ノーラ グロース，佐野正信訳『みんなが手話で話した島』 築地書館，1991，p.18，下線は筆者．

第3章 障害の種別と援助の技術や方法

障害には様々な種別がある。具体的には、注意欠如・多動性障害（ADHD）、自閉症スペクトラム障害（ASD）、学習障害（LD）に代表される発達障害や知的障害、視覚障害、聴覚障害、肢体不自由等があるが、本章では、主に発達障害及び知的障害以外について触れる。

それぞれの障害には特性や特有の行動形態があり、教育者（小学校・中学校・高等学校・特別支援学校等の教諭をいう）・保育者（幼稚園教諭、保育士、保育教諭をいう）はそれらを十分に理解した上で、適切にかかわる必要がある。しかし、一方で、特性ばかりに気を取られ、その結果、対象となる子どもの個性に目が向かなくなってしまうことのないように注意を払う。

1. 視覚障害

視覚障害とは、目で物を認識する機能に何らかの支障がある状態を指す。視覚機能には、視力（物を見て認識する機能）、視野（正面を向いたときに見える範囲）や色覚（色を識別する機能）や光覚（光を感じる機能）、眼球運動（追視をするために眼球を動かす機能）等があり、これらの機能が様々な原因により不全あるいは低下している状態を視覚障害という。

視覚障害は大別すると盲と弱視に分類され、「盲とは視覚の活用が困難で、さらに聴覚の活用及び学習の場面では主に点字を使用し、さらに触覚や聴覚など他の感覚機能を活用する必要がある状態」[1]をいう。また、「弱視とは矯正視力が0.3未満で、文字の拡大やコントラストをつける等環境を工夫することによって文字による学習をすることができ、視覚情報を活用して日常生活ができる状態」[1]を指す。

視覚障害に関しては、先天性のものと後天性のものとがあるが、特に乳幼児においてみられるのは前者の場合が多く、その発生原因として、未熟児網膜症（未熟児として生まれてきた場合の網膜が

1) 尾崎康子『よくわかる障害児保育』ミネルヴァ書房、2012、p.106.

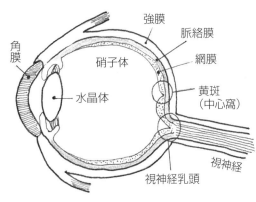

図3-1 目の構造

未発達・異常な状態），先天性緑内障（視神経が損傷して視野が欠けている状態），先天性白内障（水晶体が白く濁って見えにくくなる状態），小眼球（眼球の発育不全）等があげられる。

（1）視覚障害児の特徴

　乳幼児を対象とする就学前施設（幼稚園，保育所，認定こども園をいう）では，子どもの視覚異常について，保護者が気付いていない段階で早期に発見することができることもあるので，保育者は日常保育の中で子どもの様子を注意深く観察する必要がある（本章コラム参照）。

　なお，視覚障害児の代表的な発達特性として，次のような点があげられる。

①　主体的・積極的行動を展開できず，消極的になりやすい。周囲の状況が確認できないために，どうしても警戒したり，慎重になったりする傾向がある。そのため不安になったり，混乱したりする場面が多く見受けられ，乳幼児期に育みたい意欲を獲得することが困難になってしまう傾向がある。また，一般的に歩行の開始が遅れることが多い。

②　社会性の獲得に困難が生じやすい。相手の表情やその場の雰囲気を正確に把握することが困難なため，対人関係において不都合が生じることがある。このことは，円滑なコミュニケーションを阻害する要因にもなってしまい，その結果，人間関係の範囲が狭まってしまうことで社会性の発達に影響を及ぼしてしまうことになる。

③　必要な能力や技術の獲得のためには，適切な援助と時間を必要とする。模倣や自分が行った作業結果の出来栄え，完成度の見極めを自分の目で確認することが困難であることから，支援者による適切なアドバイスが必須となる。また，支援者によるきめ細かい援助を繰り返し受けることで必要な能力や技術を獲得していくため，どうしても相応の時間がかかってしまうことが想定される。

④　言葉や知識に関する習得が円滑に進まないことがある。視覚による情報が不足しているため，言葉や知識の概念が正確に把握できず，誤った理解の仕方や偏った知識を獲得してしまう心配がある。

（2）視覚障害児の支援と配慮

　視覚障害児の支援を考える場合の基本姿勢としてまず考慮しなければならないことは，不足している視覚情報を補完するために，様々な働き掛けを実施することである。その際，視覚障害児が自分の行動や姿をフィードバックできるように，支援者は応答的な声掛けを中心とした積極的な働き掛けを行うことが

必要である。次頁に，支援を行う際の重要なポイントについて述べる。

1）障害特性に応じた支援の実施

　前述のとおり，視覚障害には様々な種類があり，その障害特性も多様である。全盲であるか，弱視であるか，色の認識が困難であるのか，光に対する感受性に問題があるのか等によって，当然のことながら支援方法に違いが生じる。具体的には，文字を大きく表示する，弱視レンズ等の矯正器具を活用する，輪郭やコントラストをくっきりとさせる，カーテンや照明器具等を工夫して目に入る光の量を調整する等の支援方法がある。

2）感覚機能の活用

　触覚や聴覚等の感覚機能を最大限に活用して，自ら人や物に対して積極的にかかわろうとする意欲を育てるように心掛ける。乳児はその発達特性として，「叩く，撫でる，投げる，落とす，舐める，嚙みつく」等の行為を繰り返すことにより，対象物の材質や特徴，重さや長さ・大きさ等について感覚的に把握しようとする。しかもこれらの行動は極めて主体的であり，興味や関心が次々と芽生えていくことになるので，障害のない子どもと同様にそれらの行動をなるべく制限しないように心掛けるようにする。

3）基本的生活習慣の育成

　視覚障害の場合，光を感じる能力に限界があるために昼夜の区別等，一日の時間認識が困難な側面がある。したがって，一日の生活リズムを整え，特に起床・就寝時間，食事時間等，生活の基盤となる活動を整えることが重要である。また，食事の場面では，どのような食べ物であるかを十分に伝えるとともにどのくらい食べたかや残量についても知らせるようにする。しかし，何よりも食事が楽しいということを実感することが重要であり，そのことによって主体性や意欲が育まれていくことになる。したがって，食事の際には，自分で食べる喜びやその場の雰囲気を楽しめるように，特に会話の機会を増やす等，コミュニケーションに配慮した援助を心掛けることが大切である。

　排泄・着脱・衛生については，模倣による動作の獲得が困難であることから，保育者が実際に手を取りながら丁寧にかかわることが重要である。具体的には，手厚く援助を行い，できるようになってきたら徐々に見守る場面を多くする等して，自立を目指すことを心掛けるようにする。

4）対人関係能力・社会性の育成

　視覚障害児は，相手の顔の識別や表情等について的確に把握することが困難であるために，人間関係がなかなか深まらなかったり，時にはトラブルに発展したりすることがある。したがって保育者は，できるだけ声を掛けながら必要に応じて仲介や代弁をする等の配慮が必要である。

　ここでの重要な視点は，人間関係の構築が社会性の発達に大きな影響を与えるということである。したがって，保育者は，過度な介入は避けつつも，トラブルの場面等，介入が必要な場面を見極めながら，適切なタイミングできめ細かい援助を実施することが重要である。

2．聴覚障害

　聴覚障害とは，「外耳」・「中耳」・「内耳」のいずれかの部分で何らかの障害や損傷があり，音が聞こえにくい状態をいう。その発生原因は様々であるが，近年たびたび流行を繰り返している風疹に母親が感染した場合には，耳や目，心臓に障害が発生する「先天性風疹症候群」になるリスクが高くなるので特に注意が必要である。また，聴覚障害にはそれぞれ，主に伝音性難聴，感音性難聴，混合性難聴の３種類があり，具体的な特徴は以下のとおりである。

　①　**伝音性難聴**：主に外耳から中耳に何らかの障害があり，音の刺激が円滑に伝わりにくいものをいう。障害の程度は，比較的軽度のものが多いとされている。

　②　**感音性難聴**：主に内耳における障害である。振動として伝わってきた音を神経に伝える部分に障害があり，音を正確に感じ取ることが困難なものをいう。このタイプは，音の歪（ひずみ）が大きいことが特徴であり，障害の程度は重度であることが多い。

　③　**混合性難聴**：伝音性難聴と感音性難聴が混ざり合ったものであり，基本的に重度である。

（1）聴覚障害児の特徴

　難聴は，種類や程度によって聞こえ方が異なり，音をある程度聞き分けることができる場合もあれば，全く聞き分けられない場合もある。また，単に

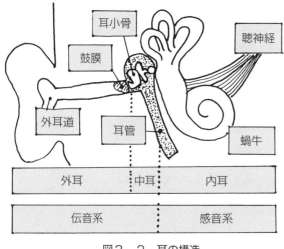

図3－2　耳の構造

音が小さく聞こえるだけではなく音の歪が大きい場合等は，言葉の判別はかなり困難なものとなる。聴覚障害の一般的な特徴としては以下のとおりである。

1）音声言語の理解や会話の困難

難聴で，補聴器等を使用している場合，ある程度聞き取ることは可能であるが，かなり小さく聞こえたり歪んで聞こえたりすることがある。そのため，聞き間違えや聞き逃し，あるいは時として言葉として認識できず，不鮮明な音として聞こえる場合もあるため，実際に発語をする際には不正確な発音になる場合が多い。

また，聴力が完全に失われている聾の場合は，他者の言語を聞き取ることができないだけではなく，自分が発した言葉をフィードバックすることができないので，正確な音声言語の習得がほぼ困難である。その意味では，難聴を含め，聴力障害は同時に言語障害を伴うことが多くなるが，これは心理的要因に伴うものではなく，あくまでも障害がその原因となっているものである。他の言語障害の詳細については，第8章（p.79〜）を参照してほしい。

2）音による情報収集の困難

人間は日々生きていく中で様々な音に出会い，その音のもつ意味や発信源を考えながら生活している。すなわち，周囲の音を聞くことにより，自らの行動を選択しているのであるが，その具体的な例として，ごはんの炊き上がりを知らせる電気炊飯器の音や火災を知らせる報知器の音，近づいてくる自動車やそのクラクションの音，ホイッスルの音等である。聴力障害の場合は日常生活を営んでいく際に，他者とのコミュニケーション以外の場面でも大きな支障が出ることを理解しておく必要がある。

3）対人関係において慎重になり過ぎる傾向

相手の言っていることが聞き取りにくかったり，自分の言葉が理解してもらえなかったりする体験を繰り返すうちに，どうしても他者と交流することやコミュニケーションをとろうとすることに対して，必要以上に慎重になることが見受けられる。また，自分の意思が的確に伝わらないことによるストレスが高まり，ついイライラすることが多くなってしまうことで円滑な人間関係構築に支障が出る場合もある。

（2）聴覚障害児の支援と配慮

聴覚障害の場合，音声言語によるコミュニケーションを円滑に行うことが困

難であるため，特に，「人とかかわりたい」，「話したい」，「理解したい」という気持ちに共感することが大切である。そのためには，コミュニケーションを単なる意思伝達の方法ととらえずに，むしろ人と人との交流とその喜びに焦点をあてた援助を心掛けることが望ましい。具体的には，周囲の人と楽しくコミュニケーションがとれる場面を数多く設定する等，人とかかわることの楽しさを味わえるよう環境設定を心掛ける。

1）コミュニケーションへの工夫

　聴覚障害のコミュニケーションツールとして代表的なものは「手話」である。しかし，現在では，手話のみに頼らず他の方法と並行しながらコミュニケーションを行うことが主流となっている。具体的には，手話をしながら，口話（読唇），表情，身振り手振り等を行い，コミュニケーションを補完するのである。

　日常生活でのコミュニケーションの場面では，単に言葉や文字による情報伝達だけが行われているのではなく，むしろそこに込められた感情や思い，共感，感動等“心の交流”が大切にされている。これらの営みは，人との交わりや触れ合い，思いを伝えることの楽しさ，心と心が通い合うことの喜びを感じることにつながり，その結果，コミュニケーションへの意欲を高めることに結び付いていくのである。したがって，教育者・保育者は，人と人とのかかわりが言葉を育てるということを念頭に置きながら，日々子どもが発する表現に対応して丁寧に対応する必要があるのである。具体的には，表情を豊かにして，身振りや手振りを積極的に行い，音声言語を使用すること等を心掛けたい。

　また，その他の補完方法として，キュード・スピーチ[2]及びその他の指文字，絵・写真の活用，筆談等がある。

2）**キュード・スピーチ**：日本語の音を視覚化する方法で，口の形（開け方）で母音を，手・指の形や動きで子音を示し，その組み合わせで50音を表す。活用している学校や家庭によって様々なルールがある。

2）対人関係の調整

　他者との正確な情報交換ができないことにより，時折，誤解や思い違い等が原因でトラブルが発生することがある。これらの原因によって生じるトラブルには，教育者・保育者が間に入り，互いの主張や思いを聞きながらトラブルの根本原因を探り，そこに誤解がある場合はきちんと説明する等の対応で調整すると解決すること多い。反対にこれらの一連の介入・調整を行わないと，聴覚障害児が一方的に誤解を受け続け，周囲の偏見へとつながっていくこともあるので気を付ける。

３）危険回避行動の徹底（危機管理）

前述のとおり，聴覚障害の場合は音による情報収集が困難であるため，周囲からの音に反応できないことが多い。ここで最も問題になるのは，日常生活の中で危険回避を知らせる警報音を聞き取ることやそれに伴う適切な行動をとるのが困難であるということである。したがって，教育者・保育者は，視界に入っていないところから発する音について気を配るとともに，特に園外保育においては，手をつなぐ等，細心の注意を払うことが必要となる。

また，教室・保育室や校庭・園庭等で集団活動を実施している場合，聴覚障害児の周囲に注意を払うだけではなく，他の子どもたちの動きにも気を配り，危険が予測されるような場合は注意を促す声掛けをする等の配慮も必要である。

３．肢体不自由

肢体不自由とは，先天的あるいは後天的な様々な理由により，上肢・下肢・体幹に永続的な障害がある状態をいう。なお，体幹の障害に内臓の障害，いわゆる内部障害[3]は含まない。障害の状況としては，生まれつき四肢の形成に異常がある（欠損），動作に必要な筋肉に力が入らない（麻痺），四肢をうまく動かすことができない，自分の意思とは無関係に四肢が勝手に動く（不随意運動）等があり，これらの症状が複合している場合もある。

肢体不自由で最も多い障害に，脳性麻痺がある。その原因は，妊娠期の感染症，薬物の副作用，出生時のトラブル等であるが，いずれの場合であっても，脳の一部分に何らかの損傷を受けることにより発生する。

脳性麻痺には３種類のタイプがあり，それぞれ，「痙直型」，「アテトーゼ型」，「混合型」である。「痙直型」とは，特定の筋肉が強く硬直しており，常に突っ張った状態のままとなる。顔等，口周辺の筋肉にも硬直が見られ，その影響で発語の際，正確な発音が困難であることが多い。「アテトーゼ型」は，脳から異常な信号が筋肉に伝わることで自分の意思とは全く無関係な筋肉運動（不随意運動）が発生してしまう。また，「混合型」は，「痙直型」と「アテトーゼ型」が混ざったものである。

（１）肢体不自由児の特徴

肢体不自由の場合，障害の程度や状況は個人によって異なる。移動ひとつをとってみても，障害の程度によって比較的移動が可能な場合もあれば，著しく困難な場合もある。また，知的障害を伴っている場合とそうでない場合とがあ

3）**内部障害**：身体内部の障害で主に心臓機能，腎臓機能，呼吸器機能，小腸機能の障害をいう。

り，それによって支援方法に工夫が必要となる。なお，肢体不自由児の一般的な特徴としては以下のとおりである。

1）移動の困難

四肢や体幹に障害があるため，介助や補装具[4]の使用等の対応を行わなければ，自力での移動に障害が生じる。自力で移動する場合であっても，全身に力が入ってしまい，かなりの疲労を感じてしまう。

2）平衡感覚を働かせることの困難

主に姿勢保持が困難であり，一定時間安定した姿勢を保てなかったり，次の行動を起こす際に平衡感覚をうまく働かせることができずに，バランスを崩したりする。

3）手と目の協応の困難

麻痺や不随意運動があるため，自分の目で確認しているものを的確につかむことができない。箸やスプーンを持つことが困難であったり，目指す場所に手を持っていくことができなかったりするために，食事の場面等，日常生活動作に支障をきたすことが多い。

4）食事や発語の際の口腔機能の課題

口の周囲の筋肉や唇，舌に麻痺があるために，不明瞭な発声等，言語障害が起きる。また，口を閉じることができにくいことがあり，日常的に唾液が口腔外に流れ出ることがある。食事の場面では，咀嚼・嚥下機能が円滑に働かず，誤嚥[5]を起こすことがあるので注意が必要である。

5）ストレスによる自己肯定感の低下

自分の意志に沿った動きができないため，自分自身に苛立ちを感じてしまったり，自信を失ってしまったりすることで，自己肯定感をもちにくくなってしまう傾向がある。また，そのことが原因ですぐにあきらめてしまい，周囲への依存心をもちやすくなることがある。

（2）肢体不自由児の支援と配慮

肢体不自由児を支援するにあたってまず意図しなければならないことは，自立に向けた支援である。ただし，自立とは，ただ単に運動動作面の改善や基本的生活習慣の確立のみを指しているのではない。むしろ，様々な工夫を通し

4）　障害のある身体機能を補完したり，代替したりするための用具。つえ，補聴器，義手・義足，車椅子等。

補装具例

5）　誤嚥：食物が食道ではなく，誤って咽頭・気管へ入ってしまうこと。

て，自らの意志で取り組もうとする主体性を育むことが大切である。すなわち，周囲の援助や環境の工夫，道具等を活用しながら，自分自身の考えや意思を実現しようとする意欲を育むことの方が大切なのである。

1）自己選択，自己決定の場面の創出

自己肯定感を高めるために，肢体不自由児がやりたいことを自分で選択したり，決めたりする場面を日常生活の中で多く取り入れるようにする。自分で決めたことをやり遂げる達成感を味わうことが，自分の有能感，自己肯定感を育むために重要であることを保育者は理解し，常に温かい眼差しで見守ることを大切にする。

2）環境の工夫や道具（補装具，補助具）の活用を図る

食事や衣服の着脱，排泄等の習慣が身に付くようにするためには，子どもの障害特性や程度等を詳細に把握しながら，その個別性に配慮することが必要となる。例えば，スプーンの柄を太くしたり，指の形状に合わせて加工したりして，つかみやすくすること等である。これにより，食べたいものを自分の意思で自分のペースで食べられるようになり，結果として食事に対する意欲が育つことになる。また，その他にも，麻痺がある手指でもつかみやすくなるようにズボンや洋服について，比較的着脱しやすいような素材や形状のものを選んだりすること等がある。また，他にも自立を目指す意味から家具や戸棚の配置を低くしたり，取っ手をつかみやすいものにしたり等といった様々な工夫がある。その際大切なことは，子どもの障害の程度や関節の可動域，筋肉の硬直状況等を詳細に把握し，医療スタッフの助言を仰ぎながら，個別に対応することである。

3）自分でできる範囲の拡大

簡単なことから始め，徐々にできることを増やしていくように心掛ける。特に，自立に向けて必要な動作に関しては，子どもが達成感を感じながら次の段階に進むことができるように，スモールステップ[6]の手法を十分に活用するようにする。なお，スモールステップの手法は他の種別の障害においても有効な手法であるため，教育者・保育者が援助する際には，積極的な活用を図りたいところである。

6）**スモールステップ**：最終的な目標を達成するためのプロセスを小目標に分け，その小目標を段階的に達成することで最終的な目標を獲得しようとする方法。障害児保育では，日常生活における動作獲得（衣服の着脱や排泄等）の際に活用されることが多い。

4．重症心身障害児

　　重症心身障害児とは，重度の肢体不自由及び重度の知的障害，視覚障害，聴覚障害等その他の障害が複数にわたって重複した障害をいう。障害の程度や様子は子どもによって多種多様であるが，一般的には重度の障害があるため医療行為を必要とする場合がかなり多い。また，基本的生活習慣を含めた生活を維持していくためには，医学的な専門知識や技能を求められることもあるため，医療（看護師等）と教育・保育（教育者・保育者）との連携が必須である。

　　前述のとおり，重症心身障害児は何らかの医療的ケアが必要とされることが多いため，障害の種類・程度によっては，医療型福祉施設に入所して，より専門的なケアを受けている子どももいる。しかし，近年では，在宅において，子どもが児童発達支援事業所等に通所しながら，教育・保育の提供を受けていることが一般的になってきている[7]。したがって，教育者・保育者による重症心身障害児へのかかわりの機会は，今後ますます増加していくことが予想される。

　　前述のとおり，重症心身障害児は重複障害であることから，その特徴や支援内容は，基本的にはこれまで述べてきた様々な障害種別の特徴や援助方法を基本にして対応することとなる。しかし，障害の程度がより重度であるため，以下の点について特に注意が必要である。

① 医療行為を伴うことがあるため，看護師等，医療スタッフとの密接な連携が重要である。仮に異常を感じた場合は，速やかに医師や看護師に報告する。

② 病気に対する抵抗力が弱いため，感染症に罹患しないように保健衛生面の配慮が必要である。手洗いやうがいはもちろん，病室等室内を常に清潔に保つ等の配慮が重要である。

③ 咀嚼・嚥下機能が著しく弱い場合があるため，食事の援助の際は食物が喉に詰まらないように配慮する等，援助の場面では，より慎重な取り組み姿勢が求められる。

④ 保育においては，子どもが豊かな感情が表現できるように，楽しく取り組めることを第一に考える。

⑤ 意思表示や表現の表出が不明瞭であることがあるため，まずは子どもの様子を詳細に観察することが基本となる。その際，まず共感することを大切に考え，必要に応じて共感を表す言葉を多く用いることや代弁する機会を多くもつようにする。

7）　障害児通所給付費支援申請を市町村に提出し，通所利用の必要性が認められれば，受給者証が発行され，サービスを受けることができる。

⑥　五感を中心とした感覚機能に働き掛けることが発達の促進に有効である
　　ことを理解し，スキンシップや声掛け等を十分に行う。

5．病弱・虚弱児

　病弱児とは，慢性疾患等により長期に渡り医療的ケア〔p.8の側注15）参照〕
を必要としている子どもをいう（急性疾患は含まない）。特に，今日では，入院
による継続的な看護を提供しながら病棟内で保育を実施する「病棟保育」につ
いて注目されるようになってきている。病弱児の慢性疾患としては，悪性新生
物，内分泌疾患，血液疾患等の特定疾患によるものの他に，内部障害があげら
れる。

　一方，虚弱児とは，様々な原因により，一定の配慮を行わなければ健康が保
てない，あるいは異常をきたす子どもを指す。具体的には，病気になりやす
く，仮に発症した場合には重篤になる傾向が強い，また快復するのに時間がか
かる，原因がはっきりしない頭痛や腹痛を度々繰り返す，強い疲労感を感じ，
安定した生活が営めない等である。

　援助する際の配慮としては，治療や健康状態の維持を最優先に図らなければ
ならないため，医療機関や医療スタッフとの連携が基本となる。また，治療の
場面は，通常の生活とは異なる状況が多く，時には苦痛を伴うこともあるの
で，リラックスして過ごせる環境を整え，精神的な安定を図ることが重要であ
る。

演習課題

課題1：スモールステップについて詳しく調べ，具体的な援助の手順を考えて
　　　　みよう。
課題2：実際に，視力や聴力，身体機能が失われたことを想定し，具体的にど
　　　　のような困難が生じるかについてみんなで話し合ってみよう。
課題3：障害児と関係する法律や制度を調べてみよう。

コラム　子どもを注意深く観察する

　就学前施設では，保護者よりも先に保育者が子どもの障害に気付くことがある。特に保護者が初めての子育てであったり，障害の程度が軽かったりする場合は，子どもの客観的な状況について保護者が的確に把握するまでには時間が掛かる場合も想定される。以下の事例は，筆者が実際に体験したエピソードである。

事例3-1　視覚障害に関する園での発見例

　2歳児クラスのA児は，4月からの新入所児である。入所後1か月が経過し，毎日楽しい園生活を送っていた。食事や排泄，着替え等，基本的生活習慣の場面に支障はなく，他の子どもと比較しても心配になる面は全くといってよいほど感じられない。

　A児は紙芝居や絵本が大好きで，保育者が読み始めるとすぐに近くに寄ってきて楽しむことが多い。しかし，いつも紙芝居や絵本を至近距離で見ようとして保育者の目の前に位置して他の友だちの視界を遮るため，トラブルになりがちである。その様子を見ていた担任は，当初紙芝居や絵本への興味が強すぎることが原因ではないかと思っていたが，同時に，視力に問題があるかもしれないかとの疑いも否定できなかったため，園長と相談して，すぐに医療機関で受診するように保護者に伝えた。

　はじめての子どもでもあり，保護者は日常生活動作にはほとんど支障を感じていなかったため，最初は半信半疑であったが，実際に検査をしてみると両眼で0.01以下であることが判明した。

　乳児は，身体的発達のみならず感覚機能や認知機能が未発達であるため，自分の身に起きていることを明確に伝えられないことがある。加えて，基本的生活習慣等の日常生活動作は習慣化しているため，あたかも何も障害がないかのように振る舞うこともある。特に障害が軽度の場合は，保護者を含めなかなか気付きにくいものである。さらに子どもが第一子であり，特に集団生活の経験が少ない状況の際は気付きにくい傾向がある。保育者は，子どもの行動や表現を注意深く観察しながら，発達の様子に違和感をもったときは速やかに専門機関に相談する等して，早期発見に努めることが求められる。

第4章

知的障害の特徴と教育・保育での支援

知的障害のある子どもは，「できない」「分からない」ことが多い。「できる」「分かる」ようにするためには，教育者（小学校・中学校・高等学校・特別支援学校等の教諭をいう）・保育者（幼稚園教諭・保育士・保育教諭をいう）やクラスの友だちが障害を正しく理解し，適切に関わり，環境を整備していくことが大切である。

本章では，知的障害とは，どのような障害であり，どのように支援すれば，知的障害のある子どもがクラスの中で自分の力を発揮して活躍できるようになるかを学ぶ。

1. 知的障害の特徴

知的障害があると，1歳になってもパパ，ママと言ってくれない，おむつがとれない，ハイハイが上手でない，歩き始めが遅いといった発達の遅れがみられる。そのため，保護者は早い段階から我が子の発達について心配していることが多い。就学前施設（幼稚園・保育所・認定こども園をいう）に入っても，友だちと仲良くできるか，また自分のことを自分でできるようになるか等，多くの悩みを抱えている。保育者は保護者の気持ちに寄り添いながら，子どもの障害を正しく理解し，発達を支援できるようにしていきたい。そして，子どもの成長を保護者と共に喜び合うことを目指したい。

（1）知的障害とは

文部科学省は，知的障害を「『認知や言語等にかかわる知的機能』が著しく劣り，『他人との意思の交換，日常生活や社会生活，安全，仕事，余暇活用等についての適応能力』も不十分であるので，特別な支援や配慮が必要な状態」[1]としている。

（2）知的障害の原因

知的障害は自閉症スペクトラム障害，その他の発達障害，てんかん[2]，あるいは身体障害等の合併症が原因であるとされている。また，染色体異常[3]，子

1) 文部科学省「教育支援資料」2013.

2) **てんかん**：慢性的な脳の病気で，神経細胞の過剰な放電によって発作を繰り返すもの。有馬正高『知的障害のことがよくわかる本』講談社，2007，p.20.

3) **染色体異常**：染色体の数が増えたり減ったりして生じる異常。また構造異常の場合もある。日本LD学会『発達障害事典』丸善出版，2016，p.348.

4）　子宮内発育遅延：
母体の代謝異常・感染
症・薬物やアルコール
の摂取等による胎児の
栄養悪化が原因とな
る。有馬正高『知的障
害のことがよくわかる
本』講談社，2007,
p.16.

5）　新生児仮死：へ
その緒がねじれている
等によって赤ちゃんが
仮死状態で生まれてく
ること。有馬正高『知
的障害のことがよく
わかる本』講談社,
2007, p.17.

6）　文部科学省『特
別支援学校学習指導要
領解説 各教科等編（小
学部・中学部）』2018,
p.20.

宮内発育遅延[4]，新生児仮死[5]が原因によるものもある。

　特別支援学校学習指導要領解説では，「知的機能の発達の遅れの原因は，概括的にいえば，中枢神経系の機能障害」[6]とされている。知的機能とは，読み書き・計算，予想や計画を立てる，論理的に考える，思考するといった機能のことである。

（3）知的障害の特徴

　知的障害があると，認知・言語・運動能力・類推能力等の発達に遅れがみられる。また，他者との意思疎通，日常生活や社会生活，安全，仕事，余暇利用といった適応行動が困難であるという特徴がある。この適応行動が困難であると以下のような面で問題が発生しやすい。

① 概念的スキルの困難性（言語発達，学習技能）。

② 社会的スキルの困難性（対人スキル，社会的ルールの理解・集団行動といった社会的行動）。

③ 実用的スキルの困難性（食事・排泄・衣服の着脱等の基本的な日常生活習慣行動，ライフスキル）。

④ 運動機能

2. 知的障害の理解と特徴を踏まえた教育・保育での支援

（1）知的障害の理解

　知的障害の特徴について，個々に詳しく理解することで，教育や保育での支援を考えることができる。

1）認知能力の遅れ

　知的障害のある子どもは，認知能力の発達に遅れがみられる。認知能力とは，見たり，聞いたりしたことを理解し，その理解を記憶・判断・推論したりする力である。その結果，○や△といった形の区別がつかなかったり，これらが図形であると理解することができなかったりする。また，クラスのルールを理解することも難しいので集団生活になじめないことが多くなる。

7）　喃語：「アー」
「ウー」等，母音を繰
り返す意味をもたない
発声。徐々に子音も加
わり，「ママ…」と
いったリズムのある音
声になる。

2）言葉の遅れ

　なかなか言葉が出ない，いつまでも喃語[7]のままである等，言葉の遅れが

みられる。理解力も低く，言われた通りに行動することが難しい。しかし，感情はあるし，思っていること，考えていることはたくさんある。その思いを表現できずにいるだけである。伝えたくても伝えられないので，ある時それが爆発して癇癪（かんしゃく）のように泣き叫んでしまうことがある。

3）運動能力の遅れ

ハイハイや歩き始めが遅く，手や指を上手に動かせない，タイミングよくジャンプできない等の様子が見られる。したがって着替えや食事，はさみを使う等の細かい作業が難しくなったり，縄跳び等の運動は苦手であったりする。

身体の感覚が鈍い面があり，うんち，おしっこを伝えられず，いつまでもおむつがとれない。また，暑い日に汗をかいているのにセーターを着たままでいて，衣服の調節ができない。先生が脱ぐように言っても，なかなか脱ごうとしない，といった様子が見られる。[8]

8） 文部科学省「教育支援資料」2013.
水野智美・西村実穂『知的障害のある子どもの保育』中央法規出版，2018，pp.26–27.

4）類推能力の遅れ

学んだことを応用して他の問題を解いたり，生活に生かしたりすることが苦手である。また，自分で考えて行動することが難しいので，トラブルの原因となる言動をすることがある。例えば，何を聞かれても「はい」と答えたり，友だちが手をあげていれば自分も手をあげてしまったりする。教育者・保育者は，その子どもが「はい」と元気に答えたので，指示が理解されていると思うが，実際は分かっていないということが起こる。

5）知的障害のある子どもの魅力

知的障害のある子どもは，できない，分からない，苦手といった負のイメージが強い。しかし，かかわってみると多くの魅力を見出すことができる。

表裏のない性格：知的障害のある子どもは，嘘がつけない，素直な子どもである。言葉は多くなく，飾りはないが自分の感情を精一杯，思った通りに表現してくれる。朝，大好きな担任に会えば「○○先生，おはようございます」と大きな声で挨拶し，抱きついてくる。大好きという気持ちを行動で表現することができるのである。

覚えたら忘れない：一度，覚えると忘れずに繰り返し実行することができる。例えば，友だちのボタンが外れていることに気付き，そのボタンを留めてあげたところ担任の先生にほめられ，そのことがうれしくて，その経験以降，外れているボタンを見つけると直ぐに留める。夏の暑い日にわざと外していても同じである。融通が利かないという面はあるが，覚えたら忘れないのである。

（2）教育・保育での支援

　知的障害と一言で言っても，一人一人の状態は異なる。保育者は，どのような面が苦手でどのようなことなら自分でできるのかじっくり観察したり，保護者と情報交換したりして，子どもの障害の状況を正確に把握することが大切である。以下の支援の方法を基本としながら，その子どもの状況に合わせて工夫していくことが必要である。

1）子どもや保護者の思いや願いに基づいた指導・支援をする

図4－1　トランポリンを楽しむ

　知的障害のある子どもは，自分の思いや願いを上手に表現することが苦手である。しかし日常の行動をしっかり観察してみると子どもの思いや願いが見えてくるものである。例えばトランポリンを始めると，果てしなく跳び続ける子どもは，「トランポリンが大好き」だと分かる。

　子どもの思いや願いを把握することが難しい場合には，保護者に代弁してもらうとよい。子育てしている中で，保護者は我が子の気持ちを理解できているものである。教育者・保育者が保護者に子どもの思いや願いを聞くことは，保護者の子育てを充実させるためにも有意義である。教育者・保育者は，子どもと保護者の思いや願いをしっかりと受け止めることで，学校（小学校・中学校・高等学校・特別支援学校等をいう）や就学前施設と家庭とが一体となった教育・保育が実現できるようになる。

　例えばトランポリンが大好きな知的障害のある子どもについて，本人の思いや願いに基づく就学前施設での実践例を以下にあげる。

①　一日に1回は大好きなトランポリンができるようにすることで園での生活が楽しくなるようにする。

②　保育者や友だちと一緒にトランポリンをすることによって，人と関わる機会を設け，社会性を伸ばす。

③　トランポリンをしたい時には，トランポリンの絵カードを指さすようにする。このことを契機に絵カードを使って自分の意思を他者に伝える方法を学べるようにする。

2）分かりやすく伝える

　子どもが自分で判断し行動するための支援として，教育者・保育者はその子どもに分かる方法で伝えることが大切である。どのような言葉であれば理解で

きるのか（理解言語）を把握しておくことも重要である。教育者・保育者が指示したことに対して正しく行動することができたら，しっかりとほめるようにする。このことを繰り返すことにより理解言語を増やし，話し言葉も獲得できるようにしていく。

短く簡単な言葉で，ゆっくりと伝える：理解言語を使いながら，一つの行動について一つの指示をする。また，ジェスチャーも交えながら，ゆっくりと伝える。特に，動作や様子を表す言葉を理解することは難しいので，ジェスチャーや表情は大事なヒントとなる。

実物，写真，絵を使う：言葉だけでなく，視覚情報等も活用（多感覚支援9)）することで理解は深まる。パソコン，タブレット端末，スマートフォン等を使うと動画も提示できるので便利である。また，事前にイラスト・写真・絵をインストールしておき，その場で必要なものを表示できるようにしておけば，プリントアウトする等の手間を省くことができる。

9）**多感覚支援**：言葉といった聴覚情報に加え，視覚，触覚，嗅覚等，複数の感覚に働きかける支援。この方法は，発達障害のある子どもにも有効であるが，障害のない子どもにとっても理解を助けるために効果的な方法である。

図4−2　タブレット端末を活用

3）実際の生活場面に即して，繰り返し指導する

知的障害のある子どもは，自分が経験した内容から理解することの方が得意である。また，学習したことを生活に生かすためには，実際の生活場面に即した形で指導を行う。例えば就学前施設であれば，着替えの指導は着替えが必要な場面で指導する。着替えられたら，次の楽しい活動に取り組めるようにする等，子どものやる気を引き出す指導をしていく。

着替えの指導：朝，登園したらスモック（上っ張り）を着る。これが園の生活の流れであれば，その場面をとらえて着ることに関する指導を行う。

イラストでスモックを着る手順や方法が分かるように示す（図4−3）。指導の初期段階では，イラストで示した手順の一つができたらその都度ほめるようにする。次に，二つごとにほめるようにしていく。このようにスモールステップの指導（プロセスを細分化し，取り組みやすくする）が必要である。スモールステップの段階の設定方法は，その子どもの理解力に応じて変えていくとよい。

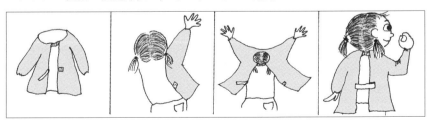

図4−3　スモックを着る手順（例）

排泄の指導：排泄についても，トイレを利用する場面をとらえて指導を行う。ズボンやパンツの降ろし方等，段階をおって指導を行う。尿意や便意を感じる力の弱い知的障害のある子どもについては，定時排泄[10]による指導を行い，徐々にトイレで排尿，排便できるようにする。おしりの拭き方も初めは介助するが本人の手を添えて介助し，拭き方が分かるようにし，徐々に自力でできるようにしていく。ここでもスモールステップでの指導に留意する。

ルールの指導：園でのきまり，遊具の使い方等，集団での生活には様々なルールがある。4月当初にクラス全体への説明はしても，実際にはその都度丁寧に教えることが必要である。例えばブランコの使い方では，友だちが使っている時の待ち方，友だちが待っている時の譲り方等，保育者が一緒に遊びながらお手本を示したり，写真やイラストで説明したりして，ルールを守れるようにしていく。

4）困った行動には予防的な対応をしておく

新しい活動，その日だけの特別な活動に取り組む際には，本人が戸惑ったり，パニックになったりすることが心配される。そのような場合には，教育者・保育者は問題行動を未然に防ぐような配慮を事前にしておきたい。

見通しを持てるようにする：ここでは，就学前施設での生活，活動の流れを順番に，イラストを活用して分かりやすく説明する。簡潔に，「1番　○○」，「2番　○○」というように活動の流れが一目で分かるようにする。

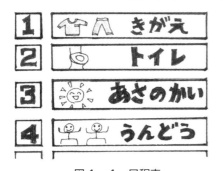

図4-4　日程表

個々の活動については，イラストを示し，「どのような活動を，いつから，いつまでやるのか」等を分かりやすく説明する。特に活動を終わりまでできるようにするためには，工夫や配慮が必要である。例えば，園庭で遊ぶという活動では，時計を使ったり，遊べる時間が量的に分かるようにタイムタイマーを利用したりして説明する。また，遊びの終わりを告げるテーマ曲を設定しておき，その音楽がかかったら教室に戻るということを日々繰り返し，経験的に「終わり」が理解できるようにする。

図4-5　時間で区切る

ルールは分かりやすく絵や写真で説明する：やってよいこと，守ることは，具体的に写真やイラストを使って説明する。日常の生活のルールについては，可能な限り「○○しましょう」というように望ましい行動を説明する。

10)　**定時排泄**：時間を決めて，定期的にトイレに連れていき，便器に座らせるという指導方法。その際，排泄があったら，積極的に称賛し，トイレで排泄することが習慣となるようにする。

事例4-1　子どもが苦手な健康診断の事前指導（例）

　白衣を着たお医者さんの前に立ったとたん，泣き出したり，その場から逃げようとしたりする子どもがいる。それは，注射が痛かった経験があるからである。そこで，健康診断で何をするのか分かりやすく説明し，怖くない，痛くないことが分かるようにして，健康診断をスムーズに受けられるようにした。図4-6は，健康診断でどのような検査をするのか子どもたちに全体像が分かるようにしたものである。それぞれの検査項目の紙をめくると具体的な検査内容が分かるように，イラストと文字で解説した。

　保健室の前に掲示しておき，その検査を受ける前に担任が説明することとした。

図4-6　イラストを使って分かりやすく

＊　群馬大学教育学部附属特別支援学校における実践

　知的障害のある子どもは，「○○はダメ」と言われても，「どうしたらよいか」が分からない。したがって，「廊下は走らない」ではなく，「廊下は歩きましょう」と望ましい行動，あるいは目標を説明することが必要である。

図4-7　イラストでルールを分かりやすく示す例

5）計画的で組織的な教育・保育を進める

　1）～4）で述べてきたことを実践していく際には，個別の支援計画，個別の指導計画を作成し，計画的に進めていくことが大切である（第9章，p.89～）。また，担任一人だけで行うのではなく，施設全体で組織的に行っていくことが重要である。施設全体で教育・保育の目標や指導・支援の方法を共有しておくことで，誰もが同じ視点・方法で子どもにかかわり，行動の様子や変化を観察し，子どもの成長を的確に評価できるようになる。この評価によって，支援が効果的であるか，改善が必要なのかどうかを見定めるようにしていきたい。「支援によってできる」ことは大切なことであるが，支援が成長の妨げになることもある。「支援がなくてもできる」ことを段階的に目指すことで「自立」は実現できるということを肝に銘じておきたい。

知的障害があっても，ゆっくり着実に発達，成長していく。その発達，成長をしっかりととらえ，支援の方法を柔軟に変更できるようにしていきたい。

6）本人を支えるクラスづくり

知的障害のある子どもは，他の子どもよりも理解することが苦手である。また，生活動作一つ一つにそれなりの時間が必要である。そのため，クラスの友だちと一緒に行動することが難しくなる。着替え，移動する際，他の子どもが待つようなことがある。「○○ちゃんがいるから遊ぶ時間がなくなっちゃう」「○○ちゃんなんかいなければいいのに」と思う子どもがいるかもしれない。このような意識が子どもの間で生まれると，互いを批判したり，責任を転嫁したりする集団になってしまう恐れがある。したがって，教育者・保育者は集団になじめない子どもを支えるクラスづくりをしていくことが必要となる。以下，就学前施設の場合を示す。

知的障害のある子どもの苦手なこと，できないこと等をクラスの全員が理解できるようにする：「○○ちゃんは，お着換えが苦手なんだよね。だからみんなで応援してあげようね」等と，保育者はクラスの全員に分かるように説明するとよい。その際には，本人の保護者に「○○ちゃんの苦手なことをクラスのお友だちにお話しして分かってもらえるようにしたいのですが，よろしいですか」等と，事前に了解を得ておくことに留意する。障害のある子どもが登場する絵本[11] を読み聞かせするのもよい方法である。

さらに，保護者の了解を得た上で，クラスの保護者全員に知的障害のある子どもの障害について具体的に説明し，インクルーシブ保育に基づいたクラス運営についてしっかり伝えることができれば障害への理解は促進される。

保育者が手本を示す：子どもたちは，保育者のことをよく見ている。保育者の子どもへの支援の様子，ほめ方，注意の仕方等から多くのことを学んでいる。そのかかわり方が手本となり，障害のある子どもにかかわろうとする子どもが出てくるものである。そのチャンスを見逃さず「○○ちゃん，上手に応援できたね」と他の子どもにも分かるように称賛する。そうすると，他の子どもたちも積極的にかかわるようになる。その都度，称賛したり，かかわり方を教えたりすることで支え合うクラスになっていく。

過剰な支援とならないように配慮する：支え合うクラスができても，発達過程にある子どもたちであるから，適切な助け合いになるとは限らない。着替え，靴の履き替えを全部やってあげてしまい，成長の妨げとなってしまうこともある。その際は，保育者が「○○ちゃんは，△△はできるから，ガンバレって言ってあげればいいよ」等，適切なかかわり方を教えるようにする。

11）　**絵本例**：『わたしのおとうと，へん…かなぁ』（マリ＝エレーヌ　ドルバル作，スーザン　バーレイ絵，評論社，2001）。
うさぎのリリーが，みんなと少し違う弟のドードを心配しながら，あるがままの弟を愛する物語。

3．知的障害をともなうその他の障害

　知的障害をともなう障害には，主にダウン症[12]，自閉症スペクトラム障害（第5章，p.45〜参照）がある。

　ダウン症は，染色体異常が原因となる障害で，両目の間隔が離れ，目尻が吊り上がるという独特の風貌をしている。多くの場合，中等度の知的障害となる。特徴としては，運動発達の遅れ，言葉の遅れ，平衡感覚の弱さ，手指の不器用さがある。また，比較概念，数概念等の抽象概念が困難である。筋緊張低下があるため発音が不明瞭であったり，たどたどしかったりする。一方，人への興味・関心があり，明朗，穏やかで共感性が高く，音楽や身体表現を好むことが多い。このような特徴から「エンジェルベイビー」といわれる。

　ダウン症のある子どもへは，早期支援が重要となる。親子の関係，肥満防止のための摂食指導，意図的なコミュニケーション機会の設定，サイン・絵カード等のよる視覚的手掛かりの利用等に留意していく。その結果，障害は軽減され，次第に自立できるようになる子どもが多い。

12)　**ダウン症**：多くは21番染色体が通常より1本多い21トリソミーといわれる。日本では，600〜1000人に1人の割合で発症する。有馬正高『知的障害のことがよくわかる本』講談社，2007，p.19.

演習課題

課題1：知的障害のあるA児は年長児だが，おむつをしている。クラスの友だちが，「先生，A君はなんでおむつしてるの？」と，聞いてきた。保育者は，クラスの友だちにどのように説明すればよいだろうか。話し合ってみよう。

課題2：知的障害のある子どもが登場する絵本にはどのようなものがあるだろうか。図書館等で見つけて読んでみよう。

課題3：知的障害があり，様々な面で遅れのあるB児であっても，クラスは5歳という年齢通り年長組に在籍している。発達段階に応じて年少のクラスで生活するということは行わない理由を考えてみよう。

コラム　就学前施設での観察と記録の方法

　就学前施設での観察と記録は，保育日誌として記述され，連絡帳への記載や送迎時の保護者との面談等に活用される。さらに子どもを正しく理解したり，成長を確認したりするための情報源となる。知的障害のある子どもは，成長がゆっくりであるので，より具体的で客観的な記録を作成することが重要となる。

　例えば，次のX保育者とY保育者の保育記録を比較してみる。

> X保育者：「今日は，友だちと仲良く大きな泥団子をつくった」
> Y保育者：「今日は，C君，D君，Eちゃんと一緒に泥団子をつくった。時折，3人の友だちで団子を見せ合い，笑ったり，『すごーい』と，言ったりしながら直径4cmほどの泥団子を完成させることができた」

　Y保育者の記録は，「友だちと仲良く」という主観的で抽象的な表現ではなく，3人の友だちとの関係を具体的な事実として記載している。また，泥団子の大きさを直径4cmと具体的に示している。このように，具体的・客観的に記録することによって，その子どものことや障害について，正しく理解できるようになる。観察記録の具体例を以下に示す。

行動観察記録

園名：○○幼稚園　　期日：○年○月○日（○曜日）　　氏名：○○○○
場面：節分で使う鬼の面に水性絵の具で彩色する。

時刻	F 児	保 育 者	所 見
9：57	先生の指示を聞く。 ビニールシートを持ってくる。 一人で作業用園服を着る。 絵具を持ってくる。 絵具，黄色と黒を選ぶ。 お面の角（つの）を黒色で塗る。 お面を180度回して塗る。 筆を洗う。	・これからの活動について指示する。 「何色塗る？」 「全部塗っていいよ」 「いいじゃん，すごい」 「ここも？」	・着衣は自立しているようである。 ・はじめの指示で複数の活動に取り組める。 ・保育者は積極的に称賛している。 ・手指の動きは年齢相応か。

　本人の活動状況，保育者の支援・指示に加え，他児との関係も記録する。また，時刻も記録し，活動への取り組み状況を時間という量で把握できるようにする。所見については，観察後に子どもの状況や支援の様子等について分かったことを記載する。具体的・客観的な記録をとることで，子どもへの理解が深まったり，支援の有効性を評価したりできるようになる。

第5章 自閉症スペクトラム障害の特徴と教育・保育での支援

自閉症スペクトラム障害（ASD）は，人との関係やコミュニケーションに課題があったり，興味が限られ，活動を反復する障害である。本章ではこうした特性を踏まえた障害のある子どもへの支援方法を学ぶ。

1. 自閉症スペクトラム障害の特徴

ここでは，「自閉症スペクトラム障害（ASD）」の特性について理解を深めていく。

「自閉症スペクトラム障害」は，コミュニケーションが苦手だったり，ある特定の活動にこだわりがあったりする障害である。具体的には国際的診断基準のDSM-5によって定められており，① 人とのかかわりやコミュニケーションの問題，② 行動・興味・活動の限定や繰り返しを特性にもつ状態を総称したものである。DSM-5とは，アメリカ精神医学会による診断基準[1]で，2013（平成25）年にDSM-ⅣからDSM-5に改訂された。DSM-Ⅳでは自閉的な特性があっても知的発達の遅れがみられない状態を「高機能自閉症」，「アスペルガー症候群」と呼び「知的発達の遅れのある自閉症」と区別していたが，DSM-5は「高機能自閉症」，「アスペルガー症候群」「知的発達の遅れのある自閉症」を含めた自閉症の特性をもつ状態を連続体（スペクトラム）としてとらえ，「自閉症スペクトラム障害」と表記するようになった。

自閉症スペクトラム障害の原因は，脳の中枢神経系の働き方や情報処理の仕方が他の多くの子どもたちと異なるという考え方もあるが，まだ完全には解明されてはいない。自閉症が医学的に発見された1943（昭和18）年頃[2]は，自閉症の原因は保護者の育て方にあるという説があったが，現在は否定されている。

自閉症スペクトラム障害の特徴が現れてくる時期は，およそ3歳くらいまでであり，1歳6か月児健診，3歳児健診で発達特性を指摘されることもある。就学前施設（幼稚園，保育所，認定こども園をいう）の集団生活の中で顕在化してくることも多い。

ところで，保育者（幼稚園教諭，保育士，保育教諭をいう）養成の学生に対する自閉症スペクトラム児のイメージに関する調査では，健常児に比べて「暗

1）正式名称を "The Diagnostic and Statistical Manual of Mental Disorders, Fifth Edition" という。DSM-Ⅳでは，「自閉症」は，「アスペルガー症候群」とともに「広汎性発達障害」に含まれていた。DSM-5では広汎性発達障害の項目はなくなり，「自閉症スペクトラム障害」にそれまでの「（典型的な）自閉症」と「アスペルガー症候群」が含まれることになった。American Psychiatric Association, 日本精神神経学会監修『DSM-5精神疾患の分類と診断の手引き』医学書院，2014，pp.26-28.

2）1943（昭和18）年にレオ カナー博士が11人の自閉症の症例を報告した。

い」「強情だ」「落ち着きがない」等マイナスのイメージがあることが明らかになっているが，自閉症スペクトラム障害への正しい知識をもち，実際の場面で周囲の子どもたちとの関係性や支援を考察する経験を通して，自閉症スペクトラム児へのイメージがよくなることが示唆されている[3]。つまり，自閉症スペクトラム障害への正しい理解がポジティブな印象へと変化するということである。

3）　松山郁夫「保育を学ぶ学生における自閉症児に対するイメージ〜健常児に対するイメージとの比較を通して〜」福祉研究：人間と社会，108，2015，pp.39-44.

　自閉症スペクトラム障害は，その特性の現れかたにおいても各々濃淡があり（スペクトラム），また個人において現れる行動と困難さは生涯固定されたものではないが，基本的な特性を理解し，支援することは教育者（小学校・中学校・高等学校・特別支援学校等の教論をいう）・保育者にとって欠かせない。基本的な特性はDSM-5において規定されている。次項では自閉症スペクトラムの主な特性である①　人とのかかわりやコミュニケーションの困難さ，②　行動・興味・活動の限定と繰り返し，③　感覚過敏について詳しくみていく。

（1）人とのかかわりやコミュニケーションの困難さ

　自閉症スペクトラム障害の特性の一つに人とのかかわりやコミュニケーションの困難さということがある。乳児期には後追い[4]をしなかったり，一人で同じ遊びを長時間やる等「手のかからない赤ちゃん」という状態を示すこともある。一方で，保護者とも目を合わせない，だっこを嫌がる，発話が出てくる1歳頃になっても言葉を発しないということもあり，保護者と子の愛着関係を築くことが困難なこともある。

4）保護者の姿が見えなくなった際等に探して，後を追い掛ける行為。

　幼児期には，就学前施設の自由遊びの時間に友だちとかかわらずに一人で同じ遊びを繰り返す，要求を保護者や保育者の手を引っ張り行う（クレーン），言葉のオウム返し（「何歳ですか？」と聞かれ「何歳ですか！」と答える等），友だちとままごとやごっこ遊びをしない，集団で行うお遊戯等を嫌がる等の状態を示すことがある。また注意欠如・多動性障害（ADHD）を併存している[5]場合は，興味のあるものに次々と注意が移り，集まりや給食等一定時間座っていることが求められる場面で立ち歩いたり，走り回ったりする。

5）　自閉症スペクトラムの約60％がADHDを併存している。ADHDについてはp.57〜に詳述する。Avni,E., Ben-Itzchak,E. & Zachor,D., The presence of comorbid ADHD and anxiety in autism spectrum disorder: Clinical presentation and predictors, *Frontiers in Psychiatry* 2018, pp.1-12.

　学齢期では，集団の一員としてのかかわりが乳幼児期より求められるようになる。自閉症スペクトラム児は，友だちとの会話においては一方的に言いたいことを言ってしまったり，相手の表情（気持ち）を読み取り，相手に合わせて会話をやりとりすることができずにトラブルになることがある。また学級集団での暗黙の了解や「遠まわしの拒否」，皮肉や冗談等を理解できず，人とのかかわりを維持できなかったり，学級対抗の運動会等で「みんなでがんばろう！」という雰囲気の時にも共感を示すことができないこともある。チーム競

技等はルールの理解が難しく苦手なこともある。集団として求められる行動に対して見通しを持ち，理解することが難しいため，ストレスが溜まってパニックになることもある。

　このようなコミュニケーションの特性は，決してわざと行っているのではなく，本人自身が一番困っていることを教育者・保育者は理解する必要がある。自閉症スペクトラム児は，学齢期から思春期と年齢が上がるにつれ，自分が他の人とは違うことに気付いたり，自分の行動に対し周囲の子どもたちから嘲^{ちょう}笑^{しょう}される等の経験から不安になりストレスを溜め悩むことも多い。教育者・保育者・保護者は自閉症スペクトラム児の特性を理解した対応で彼らのストレスを軽減するとともに，自らがストレッサー^{6）}にならないように留意する必要がある。

6）**ストレッサー**：ストレスを誘因する原因。

（2）行動・興味・活動の限定と繰り返し

　自閉症スペクトラム障害の特性に，行動・興味・活動が限定され繰り返すことがある。幼児期には，例えばミニカーやおもちゃを一列に並べたり，ずっと電車のおもちゃで遊び続け他の遊びに興味を示さないことがある。顔の前で手をひらひらさせたり，ジャンプをしたりする身体的な運動を繰り返す「常同行動」をすることもある。

　普段やっている習慣や順番に固執することもあり，臨機応変な対応ができないという特性もある。例えば，毎朝の朝食で「○○ハムのウィンナー」を食べると決めており，別のメーカーのウィンナーが出るとパニックになることがある。登下校や登降園ではいつもの道順が変わることを嫌がったりすることがある。

　教室環境では，扉の開閉にこだわり，ドアや窓が閉まっていないと落ち着かず全て閉めて歩くことがあったり，物の位置にこだわったりすることがある。

　こうした行動・興味・活動のパターン化は自閉症スペクトラム障害の特性のためなくすことはできないが，支援によって周囲の理解を得やすい受容可能なパターンに替えることができたり，見通しを持たせることで次の行動に移し，パニックを減らすことができる。

写真5－1　汽車レール遊びに夢中

（3）感覚過敏

　自閉症スペクトラム障害のもう一つの特性である感覚過敏は，味覚，聴覚，視覚，触覚，嗅覚に現れる。味覚過敏は，食事の偏食や異食となって現れる。自閉症スペクトラム児の46～89％が食に関する問題があり，幼少期の問題とし

7）Johnson, C., Butter, E. & Scahill, L. (ed) *Parent Training for Autism Spectrum Disorder*, American Psychological Association, 2019, pp. 173-202.

8）**構造化**：自閉症スペクトラム障害の特性を踏まえ，学習する場所とリラックスする場所を決めて整理する，刺激となる掲示を整理する，動きやすい動線の環境にする，パーテーション等で場所を区切り集中できる環境に整える，視覚的にスケジュールを提示する等を行う。

9）TEACCHはノースカロライナ州で行われている乳幼児期から成人期の自閉症スペクトラム障害への生活支援を行う療育・教育プログラムである。

10）1960～70年代，アメリカ合衆国では自閉症スペクトラムの訓練として，一部で環境を極端に構造化したり，1対1の訓練に偏重したり，不適応な行動を矯正するための褒美（キャンディ類）を生活文脈や本人の興味とは関係なく頻繁に与える指導も行われるようになり，自閉症スペクトラム児への訓練の負担が危惧されるようになった。これを受けてPRTが提唱された。日本では「機軸行動発達支援法」と翻訳されることがある。この方法を提唱したのはカリフォルニア大学のクー

て頻繁に偏食の問題が生じる[7]。ポテト等のスナック菓子が非常に好きだが，野菜や果物，苦みのある食材は苦手ということもよくあり，新しい食べ物に挑戦することを極端に嫌がるということもある。

聴覚過敏では，大きな太鼓の音やリコーダーの音等，特定の楽器音，甲高い早口の声，大勢の人がいる場所の騒音が苦手なことがある。学習発表会や運動会では，普段とは違う環境と雰囲気の中で大勢の人の声と音量の大きい音楽が苦痛となる自閉症スペクトラム児もいる。

触覚過敏では，ボディタッチが苦手でハイタッチをしたり，トントンと肩を叩かれたりすることが苦手なことがある。また混んでいる電車やバス等の人と人が密接しなければならない状況を苦手とすることがある。一方でふわふわしたタオル地の布の感触を好み，タオルを持ち歩いたり，周囲の人のふわふわとした衣類を触るようなこともある。

視覚過敏では，チカチカする反射光が気になったり，ぐるぐる回る換気扇や扇風機の動きが気になり，立ち止まってじっと眺めるようなことがある。嗅覚過敏では，香水や芳香剤の匂いが苦手だったり，給食室の匂い，特定の料理の匂いが苦手なことがある。

2. 自閉症スペクトラム障害の特徴を踏まえた教育・保育での支援

これまで述べた自閉症スペクトラム障害の特性を踏まえ，教育者・保育者等はどのように支援をするべきであろうか。1943（昭和18）年のカナーによる自閉症の発見後は，自閉症は治療の対象であり，「矯正」することが試みられたが，1960～70年代頃から自閉症スペクトラム障害の特性をその子どもの個性として認め，治療するのではなく特性を理解して支援するという方向に変化した。特に，アメリカ合衆国では環境を「構造化」[8]することにより，自閉症スペクトラム児の適応を支援する方法として，応用行動分析学（ABA：Approach and Applied Behavior Analysis）を基にした支援方法が開発された。その基本的な考えである「構造化」は日本でも行われるようになった。TEACCH[9]（Treatment and Education of Autistic and related Communication handicapped Children）はその代表例である。また，1980～90年代には，より自然な生活文脈に沿った環境の中で自閉症スペクトラム児の動機を引き出して指導する方法〔ピボタル・レスポンス・トリートメント（PRT：Pivotal Response Treatment）〕[10]が提唱されている。

このように自閉症スペクトラム児への支援方法は，現在も研究が進められ発

展・変化している状況にある。したがって教育者・保育者には新しい知見や指導方法を絶えず学ぶ姿勢が求められる。

これまでの蓄積されてきた支援方法を次に紹介する。

（1）分かりやすい視覚的な支援

自閉症スペクトラム児への支援のポイントの一つに「視覚的な支援」がある。この支援は，自閉症スペクトラム障害の特徴である「想像することの困難さ」と「聴覚から情報を得るよりも視覚から情報を得た方が理解しやすい」ことに基づいている。自閉症スペクトラム児は，目の前に提示されている情報以外の背景や理由を想像したり，求められた行為を行った後にどのようなゴールが待っているかについて想像することが困難である。そして耳から得た音声情報だけで想像し，状況を理解することは難しい。

1）場所・順番の提示

就学前施設の年少・年中くらいになると，登園後の準備を自分で行うようになる。そこで通常子どもたちは，様々な場所と手順を習慣として覚えていく。多くの園では，文字をまだ読めない園児への視覚的支援[11]を自然に取り入れている。文字を読めない幼児に取り入れているクラス全体への視覚的支援は，健常児だけではなく自閉症スペクトラム児にとっても効果的である。また文字を読めるようになる学齢期においても，文字だけではなくイラストや写真付きで提示された方が自閉症スペクトラム児の理解は高まる。1対1で教師が常に一緒に行動して指示するのではなく，自閉症スペクトラム児が自分で分かって動くことができるように教材や環境を整えることが大切である。

2）見通しを持たせるタイムスケジュール

就学前施設では3〜5歳児くらいになると，集まりの時間には決められた自分の席で一定の時間を皆と同じように過ごし，設定された遊びの時間においても友だちと協力をして一緒に楽しむことが期待されるようになる。小学生になると，自由遊びの時間は休み時間が中心となり，それ以外は設定された内容で学習に取り組むことになり，じっと座って話を聞く時間も長くなる。このように決まった活動内容を集団で行うことが増えてくると，自閉症スペクトラム児はストレスを感じ，周囲の子どもと同じようには参加できない場面も出てくる。

こうした困難さを軽減するための大切な指導のポイントに，「見通しをもたせること」があげられる。見通しをもたせるための教材の代表例はタイムスケ

ゲル博士夫妻で，日常生活のやりとりにフォーカスし，子どもの学ぶ意欲・動機（モチベーション）を引き出すことに働き掛けることを重視した。ロバート ケーゲル，リン ケーゲル，小野真他訳『発達障がい児のための新しい ABA 療育 PRT—Pivotal Response Treatment の理論と実践』二瓶社，2016，pp.3–55.

11）例えば，自分のマーク（イラスト）を決め，自分のロッカーや自分の物に付けて分かるようにする，クラスの色を決めクラスで使う籠や道具にクラスカラーのテープを貼る，連絡帳を提出するボックスに連絡帳の写真やイラストを貼り園児自身で連絡帳を提出できるようにする，並んで待つ位置を足形で示す等の工夫である。

12) タイムスケジュールには文字だけではなくイラストや写真を提示すると分かりやすい。

ジュールである。タイムスケジュール[12] には主に① その日行うことの全体のスケジュール，② 一つ一つの活動のプログラムがある。タイムスケジュールを見ることにより自閉症スペクトラム児は見通しをもち，好きな活動を期待することで，少し我慢できたり，場面の切り替えがスムーズになったりする。

　特に卒園式や入学式等の儀式的行事や運動会，学習発表会等，普段とは違う雰囲気の中で緊張が高まる中で座って話を聞くことが長時間求められるような場合は，手元で見るタイプのスケジュール[13] を用意し，事前に一緒に確認をするとよい。しかし，周囲の子どもと同じように長い時間を待つことができるようになるかというと，急にはできない。他児と比べて評価するのではなく，「この前よりも座っていられたね」とその子の過去の姿と比較して評価することが大切である。

13) 簡単に手持ちのホワイトボードに示す方法もあるし，めくりタイプ，切り取りタイプ等，その子どもの特性に応じて用意する。

図5-1　視覚的スケジュール

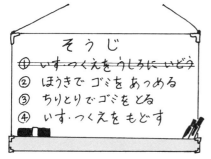

図5-2　箇条書きの例

（2）指示とコミュニケーションにおける留意点

1）分かりやすい指示

　自閉症スペクトラム障害の特性に，抽象的な表現，あいまいな表現を理解することが難しいということがある。保育者等は，具体的で明確な表現をする必要がある。特に以下のことに気を付ける。

① 　いくつも一度に指示を出さない：「トイレに行き，手を洗い，…」といくつもの指示をするのではなく，1つずつ示す。

② 　いくつも出さないといけない時は，箇条書きに示す：行うことを箇条書きにして黒板に書き（①…②…③…）終わったものを線で消していく。

③ 　指示語「ここ」「そこ」を使わない：例「終わったらここに出してね」→「ホワイトボードの前のピンクのカゴに出してね」。

④ 　「少し」「たくさん」「いっぱい」等を使わない：例「少し」→「紙を3枚」。

⑤ 　口頭の指示だけではなく，なるべく具体物，イラスト，写真を用いる。

2）動機を引き出すコミュニケーション

　1980年代カリフォルニア大学のケーゲル博士夫妻は，自閉症スペクトラム児が，学習意欲に乏しく動機を持ちにくいことに気が付いた。しかしながら動機を高めることで，多くのよい影響を及ぼすことも発見した[14]。自閉症スペクトラム児の動機を伴うコミュニケーションを引き出すポイントに，要求を引き出

14)　前掲書10)，pp.3-55.

すこと，質問をすること，選択肢を提示し選ばせることがある。教育者・保育者は普段から対象児の好きなこと・得意なこと把握したり，イラストや写真で選ばせる教材[15]を工夫したりすることで，要求を引き出し言葉を発する機会を作ることができる。

３）感情や行動の調整

自分からコミュニケーションを取ることができる自閉症スペクトラム障害児の課題としてよくあげられるのは，興味・関心のあることを一方的に話すことがあるということ，相手の気持ちを考えない表現で友だちとトラブルになること等である。こうした場合，時と場所に応じて事前にルールを決めて約束をしたり[16]，ソーシャルスキルトレーニング[17]を行うことも効果がある。

休み時間にすること

図５−３　イラストから選ぶ

感情を抑えられずパニックになる時には，大きな声で叱ったりするのではなく，一定時間そっとしておくようにする。クールダウンできたり，リラックスできる場所をつくっておくとよい。

（３）感覚過敏への対応と留意点

自閉症スペクトラム児の感覚過敏は特性であり，無理やり急激に矯正しようとせず，少しずつ慣れるようにすることが必要である。

味覚過敏で課題になる場面は，主に昼食（給食）の時間である。子どもに好き嫌いの偏りなく食事できるようにすることは昼食（給食）において期待される。ただし自閉症スペクトラム障害児の味覚の過敏に対する指導においては通常より慎重に行う必要がある。

自閉症スペクトラム児の偏食の指導においては，無理やり食べさせることは過敏性を軽減することにつながらず，トラウマ[18]になることもある。自閉症スペクトラム児の味覚過敏は，数週間，数年で解決しないこともあり，一つの食材をクリアしても，別の食材で過敏性が出てくることもある。また，給食の場合では，出されたものを無理やり完食する経験を長年重ねた結果，給食は絶対に完食しなければならない（完食したい）気持ちになりパニックになりながら給食を完食するようになった例もある。自閉症スペクトラム児の偏食の場合，少しずつ食べられる食材を増やす等，長い目で発達をみていく必要がある。

触覚過敏では，ボディタッチが苦手なため，急に後ろから触ったり頭を撫でたりしないようにする。また，頑張ったことをほめる時のハイタッチやハグも苦手な場合もある。よくできていることをほめる時には，ニコニコマークや，

15）休み時間や自由遊びでは活動の選択肢を２択から子どもに応じて少しずつ増やし選ばせるとよい。

16）例えば，どんな時も一方的に好きなアイドルや電車の話をしてしまうような場合は，どんな時に話していいかルールを決め，環境や状況を整える。話してもいい場所や人を決めたり，ルールを紙に書いて渡し，視覚的に示す。

17）ソーシャルスキルトレーニング：表情や気持ちのカードを用いた学習，モデリング，ロールプレイング等で，人とのやりとりや社会性，感情のコントロール等を養う学習を行う。

18）トラウマ：心的外傷，あるいは外傷経験をいう。強いショックやストレスを引き起こす過度な経験をした時に，精神的に適切に処理されないままコンプレックスとなってその後の神経症的症状形

成につながる。中島義明・安藤清志・子安増生ら編集『心理学辞典』有斐閣, 2018, p.96.

花まるマークを視覚的に示すとよい。手で絵具を塗るような感触遊びの際には少しずつ慣れさせていくことが大切である。難しい場合は目的を達成するための代替の道具や方法を用意する必要がある。

視覚過敏では，まぶしい光が気になる場合は窓側ではなく廊下側の席にする等の配慮をする。教室環境や保育環境の掲示もたくさん貼りすぎないようにする。掲示が気になり，その時に教育者・保育者が伝えたいことが伝わりにくくなることがあるためである。聴覚過敏では，周囲の音量を下げるヘッドフォンをつけ周囲の音を軽減する方法がある。

事例5―1　支援をつなぐ

聴覚過敏のあるA君は，小学校低学年の時に，教室で過ごす時，学習発表会の時，校外学習の時，様々な場面で耳を塞ぎ，集中して学習に取り組むことができない様子がみられたことから，A君の担任は保護者にヘッドフォンをつけて活動することを提案しました。

A君はヘッドフォンをつけることを最初は嫌がりましたが，周囲の音を気にせず安心して活動に参加する時間が増えました。担任の先生はその様子をビデオに記録し，保護者にみてもらうことにしました。保護者の話では，実は地下鉄に乗る時や外を移動する時にも耳を塞ぐことがよくあるようで，立ち止まって次の行動に移せないこともあるようでした。保護者と相談し，A君は登下校でもヘッドフォンをつけ，落ち着いて電車で登下校できるようになりました。

A君は小学校，中学校，高校と進みましたが，引き続きヘッドフォンをつけて登下校しました。色々なことに少しずつ挑戦し，自信もつけ，特例子会社[19] に就職が決まりました。通勤の時，A君は思い切ってヘッドフォンを外してみることにしました。ヘッドフォンをせずに会社に行ってみたところ，大丈夫でした。A君はもしも音が気になってしまうようだったら，またヘッドフォンをつけようと考えて携帯していますが，今のところ大丈夫だそうです。

A君の場合は，これがあれば大丈夫というツールをみつけ，学校が変わっても引き継いでいくことができました。あえて急いで支援ツールを外そうと考えずに，ツールがあれば「できる」ことにフォーカスしたことがよかったようです。長い目で成長を見守ること，「これがあればできる」をみつけて支援していくことが教育者・保育者，保護者の役割だと考えさせられました。

写真5－2　ヘッドフォンをする子ども（イメージ）

19)　**特例子会社**：障害者の雇用促進と安定のため，雇用にあたって特別な配慮をする子会社のことで，厚生労働大臣からの認定を受ければ親会社およびグ

（4）ほめること / 動機を高めること

頑張って達成できたことやほめられた経験をして嬉しいのは，健常児も自閉症スペクトラム児も同じであるが，自閉症スペクトラム児は集団行動からの逸

脱場面や危険への意識の低さから，教育者・保育者，保護者からつい注意を受けがちである。また，新規場面や新しいことへのチャレンジが困難であったり，自分から進んで発表する等の学習場面で期待される行動ができない，苦手なことを克服できない等，成功体験を得ることが難しい。そのため，自閉症スペクトラム児はいかに自尊感情を育むかが課題といえる。

　注意をする時は，肯定的な表現を使い，具体的行動を伝える。例えば，「走らない！」ではなく「右側をゆっくり歩こうね」等と肯定的な表現にする。「どうしてそんなことするの！　ちゃんとしなさい！」は強く否定された気持ちになる上に，自閉症スペクトラム児がどうしたらいいのか分からず混乱してしまわないように，具体的な行動を「～しようね」と提示する方がよい。

　成功経験を引き出すためのアイデアとして，先に約束をして（本人が少し頑張ればできそうなこと）できたらほめる，難しそうな場合は成功するためのヒントをあげるという方法がある。難しい課題に挑戦し続け自信をなくさないようスモールステップで成功体験を積み重ねるようにする。なお成功したことを本人に分かりやすく示したり（メダルをあげる，シールをあげる），記録するとよい。

　自閉症スペクトラム児は，目の前にないことを想像することや臨機応変に対応することは難しいが，記憶したり，興味のあることや好きなことに，とことん集中できるというよい特性がある。できないところだけに注目するのではなくよいところを伸ばすことも大切であり，そうしたよいところに注目し，クラスの仲間にも気付かせることができるような配慮が教育者・保育者には求められる。

（5）保護者への支援

　自閉症スペクトラム児の保護者は，子どもの行動の問題への対応や将来への不安を抱え，ストレスを感じていることが多い。かつて障害の原因を保護者の育て方やしつけが悪いと考えられた時代があったが，自閉症スペクトラム障害は生まれながらの特徴（病気ではない）であり，保護者のしつけが悪いのではない。

　一方で近年，就学前施設や学校（小学校・中学校・高等学校・特別支援学校等をいう）だけではなく，家庭においても自閉症スペクトラム児に早期から適切にかかわることが効果的なことが明らかになっており[20]，保護者に対する支援が大切である。では，教育者・保育者は自閉症スペクトラム児の保護者を支援する際，どのようなことに留意するとよいだろうか。

　就学前施設の時期は，自閉症スペクトラム障害が明らかになってくる時期である。自閉症スペクトラム障害の可能性のある乳幼児とその保護者を市区町村

ループ全体の障害者雇用分として実雇用率を算定することができる会社のことである。障害者雇用率制度では，2018（平成30）年に44.5人以上の従業員数の民間企業は2.2%と定められており，2021（令和3）年4月以降は2.3%になる予定である。

20）Koegel, R. & Koegel, L., *Pivotal Response Treatment for Autism*, Paul H. Brookes Publishing Co. 2017, pp.5–10.

の支援センターや療育等の支援機関につなぐことが保育者の役割の一つといえる。しかし，まだ障害受容のできていない保護者に関係機関を紹介することで保護者が拒絶反応を示し，就学前施設との信頼関係が崩れて問題になることもあるので注意が必要である。一方で，保護者がもしかして障害があるのではないかと感じはじめ「うちの子大丈夫でしょうか……」と相談してきた際に，保育者が保護者を安心させようとして安易に「大丈夫ですよ」と言ってしまうことがある。障害受容の初期段階においては誤解や問題を生じさせることもあるため，「大丈夫ですよ」という表現は避けた方がよい。保育者に求められるのは診断よりも先に当事者である子どもを支援することである。そして，他の子どもと比べるのではなく，こんなことができるようになったという成長やよいところを評価し，保護者にも積極的に伝えることが大切である。

　自閉症スペクトラム児の保護者は，医師による診断を受け入れることができたとしても，引き続き子どもの行動上の問題等にストレスを抱えることが多い。子どもとの関係性をうまく築くことができていないと感じて自信をなくしていることもある。進級・進学等の新しい場面では子どもがうまく適応できるか不安になることもある。教育者・保育者は子どもが安心できる学級づくりに努め，保護者に余計なプレッシャーをかけるようなことはしないよう気を配る必要がある。また教育者・保育者は学校・就学前施設でのトラブルだけでなく，子どものよいところ，素敵なところを保護者にたくさん伝え，どうやったらいいか前向きに考えられるようにサポートすることが大切である。

　障害受容し，他の自閉症スペクトラム児の保護者と話す機会も増えてくると，次第にどうしたらいいか，保護者に何ができるかについて前向きに考えられるようになることも多い。家族による自閉症スペクトラム児へのペアレント・トレーニングという手法がある。ペアレント・トレーニングは応用行動分析を基盤とした家族支援プログラムである。家庭における「着替え」，「入浴」，「歯みがき」，「整理整頓」等の課題に対して「手続き表」等を保護者がプログラムスタッフと作成し，家庭で実施し，その成果をグループで共有したり，子どもに対する指示の仕方やほめ方を学ぶ[21]。グループで行う場合，家庭で保護者が行ったことを傾聴する。できなかったことについて保護者を責めるようなことはしないで，できたことに着目するという方法で行われる。就学前施設・学校でペアレント・トレーニングを設定することが難しい場合には，「学校でこんな工夫をしたらこんな風にできるようになった」ということを映像に撮る等して教育者・保育者が保護者に分かりやすく伝えることで，保護者が家庭での対応のヒントを得られることがある。

21）　厚生労働省「平成26年度障害者総合福祉推進事業報告書−『市町村で実施するペアレントトレーニング』に関する調査について−」2015, pp.9-66.

演習課題

課題１ 自閉症スペクトラム障害のある本人や保護者が書いた手記や本を読んでみよう。

課題２ 次の言い方をポジティブな表現・肯定的な表現に言い換えてみよう。

「ずっと同じことばかりやっているね」

課題３ 自閉症スペクトラム児が過ごしやすい教室環境・保育環境について話し合ってみよう。

コラム　二次障害を防ぐために

　自閉症スペクトラム児にとって，日常の生活は「言葉の分からない外国にいるようなものだ」といわれる。みなさんも言葉も文化も分からない外国に行ったことを想像してみよう。話し掛けられても何と言っているのかよく分からず，緊張感やストレスを感じることだろう。見慣れない景色や人々の動きに，次に何が起こるか想像もできないこともあるだろう。自閉症スペクトラム児は，社会の中で常にそのようなストレスを抱えているような状態にある。

　自閉症スペクトラム児のストレスは，支援する側がその特性を理解してかかわることで軽減することが可能である。しかし障害の理解がない人による不適切なかかわりが続き，ストレスが蓄積されたまま小学校・中学校へと成長すると，思春期・青年期にストレスが爆発し，二次障害（当初の障害によって引き起こされる二次的な問題）として現れることもある。二次障害の例に，強迫性障害，うつ病等の精神疾患，ひきこもり等がある。思春期の二次障害の克服は簡単ではなく，その後の進学や就職等の社会参加にも影響を及ぼすことがある。また自閉症スペクトラム児がその特性があると気付かれないまま思春期になり，二次障害で問題が大きくなってから障害が分かることもある。

　では，自閉症スペクトラム児の二次障害を防ぐために，教育者・保育者はどのようなことに気を付ければよいのだろうか。まずは強いストレスを感じる経験の積み重ねから問題が大きくなってしまうことを知っておくことを前提として，教室・保育環境で大切なこととして「安心して過ごせる居場所づくり」があげられる。特性を否定されたり，周囲と比べられるのではなく，苦手なところも得意なところも分かって，受け入れてもらえる環境づくりが大切である。当事者である子どもが安心感を得られるようにする必要がある。本人への支援としては，小学校高学年・思春期・青年期には，本人が自分の特性を理解できるように支援したり，どのようにすればストレスをコントロールできるかを支援する必要があるだろう。

第6章 注意欠如・多動性障害の特徴と教育・保育での支援

　子どもは，大人に比べて気が散りやすく，落ち着きがなく，自分の気持ちを抑えることが苦手である。このような子どもたちの中に，人間関係や学業につまずいて日常生活に困難を抱え，注意欠如・多動性障害（ADHD）の診断を受ける子どもがいる。本章では，ADHD の特徴である「不注意」,「多動性」,「衝動性」の３つの特性について行動・心理面から理解し，困難を抱える子どもが安心して生活できる教育・保育環境を整える支援の方法を考える。

1. 注意欠如・多動性障害の特徴

　注意欠如・多動性障害（ADHD）は，年齢あるいは発達に不釣り合いな注意力，多動性，衝動性を特徴とする発達障害である。症状の柱である不注意，多動性，衝動性は一般の子どもたちにも日常的に認められる行動であるため，DSM−5 では，12歳になる前に症状が現れ，その状態が６か月以上継続し，複数の場において認められ，かつ社会的，学業的，または職業的機能の質を低下させている明確な証拠のあるものとされている。具体的な症状の現れは診断基準に記載されており，不注意症状９項目，多動性−衝動性９項目があげられ，一方あるいは両方で６項目以上（17歳以上では５項目以上）の症状が存在すれば，注意欠如・多動性障害の可能性を検討していくこととされている（表6−1）[1]。

　注意欠如・多動性障害の頻度と性別は，DSM−5 によると，子どもの約５％及び成人の約2.5％に存在するとされ，女性より男性に多く，男性：女性比では，小児期２：１，成人期1.6：１とされる。また，女性は男性よりも，主に不注意の特徴を示す傾向にある。

　注意欠如・多動性障害の状態像は成長・発達とともに変化する。例えば，就学前は，過度の運動活動性から，集団活動への参加に支障をきたすことが少なくない。学童期は，座っていても，もじもじしたり離席したり，また持ち物を忘れることや気がそれて課題を最後まで終えられないこと等の不注意の特性がより顕在化する。青年期以降は，多動性の状態はそれまでほど見られなくなるが，そわそわする感じの落ち着きのなさや計画性のなさ等，不注意や衝動性に

1 ） American Psychiatric Association, 日本精神神経学会監修『DSM−5 精神疾患の診断・統計マニュアル』医学書院，2014, pp.58−59.

表6-1　注意欠如・多動性障害の診断基準（DSM-5）

A．（1）および／または（2）によって特徴づけられる，不注意および／または多動性―衝動性の持続的な様式で，機能または発達の妨げとなっているもの：

（1）**不注意**：以下の症状のうち6つ（またはそれ以上）が少なくとも6カ月持続したことがあり，その程度は発達の水準に不相応で，社会的および学業的／職業的活動に直接，悪影響を及ぼすほどである：

注：それらの症状は，単なる反抗的行動，挑戦，敵意の表れではなく，課題や指示を理解できないことでもない。青年期後期および成人（17歳以上）では，少なくとも5つ以上の症状が必要である。

（a）学業，仕事，または他の活動中に，しばしば綿密に注意することができない，または不注意な間違いをする（例：細部を見過ごしたり，見逃してしまう，作業が不正確である）。

（b）課題または遊びの活動中に，しばしば注意を持続することが困難である（例：講義，会話，または長時間の読書に集中し続けることが難しい）。

（c）直接話しかけられたときに，しばしば話を聞いていないように見える（例：明らかに注意を逸らすものがない状況でさえ，心がどこか他所にあるように見える）。

（d）しばしば指示に従えず，学業，用事，職場での義務をやり遂げることができない（例：課題を始めるがすぐに集中できなくなる，または容易に脱線する）。

（e）課題や活動を順序立てることがしばしば困難である（例：一連の課題を遂行することが難しい，資料や持ち物を整理しておくことが難しい，作業が乱雑でまとまりがない，時間の管理が苦手，締め切りを守れない）。

（f）精神的努力を要する課題（例：学業や宿題，青年期後期及び成人では報告書の作成，書類に漏れなく記入すること，長い文書を見直すこと）に従事することをしばしば避ける，嫌う，またはいやいや行う。

（g）課題や活動に必要なもの（例：学校教材，鉛筆，本，道具，財布，鍵，書類，眼鏡，携帯，電話）をしばしばなくしてしまう。

（h）しばしば外的な刺激（青年期後期及び成人では無関係な考えも含まれる）によってすぐ気が散ってしまう。

（i）しばしば日々の活動（例：用を足すこと，お使いをすること，青年期後期及び成人では，電話を折り返しかけること，お金の支払い，会合の約束を守ること）で忘れっぽい。

（2）**多動性および衝動性**：以下の症状のうち6つ（またはそれ以上）が少なくとも6カ月持続したことがあり，その程度は発達の水準に不相応で，社会的および学業的／職業的活動に直接，悪影響を及ぼすほどである：

注：それらの症状は，単なる反抗的態度，挑戦，敵意の表れではなく，課題や指示を理解できないことでもない。青年期後期および成人（17歳以上）では，少なくとも5つ以上の症状が必要である。

（a）しばしば手足をそわそわ動かしたりトントン叩いたりする。またはいすの上でもじもじする。

（b）席についていることが求められる場面でしばしば席を離れる（例：教室，職場，その他の作業場所で，またはそこにとどまることを要求される他の場面で，自分の場所を離れる）。

（c）不適切な状況でしばしば走り回ったり高い所へ登ったりする（注：青年または成人では，落ち着かない感じのみに限られるかもしれない）。

（d）静かに遊んだり余暇活動につくことがしばしばできない。

（e）しばしば"じっとしていない"，またはまるで"エンジンで動かされているように"行動する（例：レストランや会議に長時間とどまることができないかまたは不快に感じる：他の人達には，落ち着かないとか，一緒にいることが困難と感じられるかもしれない）。

（f）しばしばしゃべりすぎる。

（g）しばしば質問が終わる前に出し抜いて答え始めてしまう（例：他の人達の言葉の続きを言ってしまう；会話で自分の順番を待つことができない）。

（h）しばしば自分の順番を待つことが困難である（例：列に並んでいるとき）。

（i）しばしば他人を妨害し，邪魔する（例：会話，ゲーム，または活動に干渉する；相手に聞かずにまたは許可を得ずに他人の物を使い始めるかもしれない；青年または成人では，他人のしていることに口出ししたり，横取りすることがあるかもしれない）。

B．不注意または多動性―衝動性の症状のうちいくつかが12歳になる前から存在していた。

C．不注意または多動性―衝動性の症状のうちいくつかが2つ以上の状況（例：家庭，学校，職業；友人や親戚といるとき；その他の活動中）において存在する。

D．これらの症状が，社会的，学業的，または職業的機能を損なわせているまたはその質を低下させているという明確な証拠がある。

E．その症状は，統合失調症，または他の精神病性障害の経過中にのみ起こるものではなく，他の精神疾患（例：気分障害，不安症，解離症，パーソナリティ障害，物質中毒または離脱）ではうまく説明されない。

出典）American Psychiatric Association, 日本精神神経学会監修『DSM-5精神疾患の診断・統計マニュアル』医学書院，2014，pp.58-59.

表６−２　年代による注意欠如・多動性障害症状の現れ方

	不注意	多動性	衝動性	その他
幼児期	この年代で不注意が注目されることはほとんどない。事物への関心という点ではむしろ好奇心の旺盛な活発な幼児という印象を大人に与えるかもしれない。	じっとしていることが苦手で，動き回る傾向が強いが，この年代では周囲の子どもも活動性が高い傾向にあり，多動性が注目されることはまだあまり多くない。	いきなり母親の手を振り切って駆け出す，遊具や遊びの順番を待てない，邪魔な他児を突き飛ばす，他児の所有物をいきなり取り上げる等の行動が目立つと，問題として注目される可能性が高い。	人なつこさが目立つ。衝動性や多動性は養育者の虐待的対応を誘発するかもしれない。すでに，かんしゃくや反抗を中心とする外在化障害や分離不安を中心とする内在化障害が現れるかもしれない。
小学生年代	連絡帳やノートをとれない，忘れ物が多い，作業が雑，よそ見が多い，ケアレスミスが多い，宿題をしない，提出物を出さないなどの特徴が目立つことがある。	授業中立ち歩いたり，他児に大声で話しかけたりする。いつも多弁で騒々しい。いつも体をもじもじと，あるいはそわそわと動かしている。むやみに走り回り，興味のおもむくままに乱暴にものを取り扱う。	軽はずみで唐突な行動が多い。ルールの逸脱が多い。順番を待てない。教師の質問へ指される前に答えてしまう。他児にちょっかいを出し，トラブルが多い。道路へ突然飛び出したりする。	激しい反抗や他者への攻撃行動などの外在化障害，あるいは分離不安や抑うつなどの内在化障害が前景に出た学校不適応や，受動攻撃的な不従順さを伴う不登校が現れる。
中高生年代	ケアレスミスが多い。忘れ物・失くし物が多い。約束を忘れる。整理整頓が苦手。授業中や会話の際にうわの空にみえる。作業に集中せず脱線が多い。時間管理が苦手で大切な課題も後回しにする。	授業中の離席は減っても，体をもじもじと，あるいはそわそわと動かして落ち着きがない，じっとしていることを求められる場が苦手で避けようとする。	軽はずみな行動やルールの逸脱が生じやすい。相手の話を最後まで聞けず，途中で発言してしまう。感情的になってキレやすい。順番を待たねばならない環境を避ける（例えば長い列に並ぶこと）。	反抗的になりやすい。非行集団への接近が生じうる。自信がなく，気分の落ち込みが生じやすい。受動攻撃性が高まり不登校・ひきこもりが生じやすい。ネット依存・ゲーム依存のリスクが高い。
青年期以降	基本的に中高生年代の現れ方と同じであるが，そうした自分の特性に違和感を持っていることが多い。	体をもじもじと，あるいはそわそわと動かしていて落ち着きがない。会議のようなじっとしていることを求められる場を避けたり，必要以上に席を立ったりする。会議などで落ち着かない気持ちを強く感じる。	軽はずみな行動やルールの逸脱が生じやすい。順番を待たねばならない環境を避ける（長い列に並ぶこと）。相手の話を最後まで聞けず，途中で発言してしまう。感情的になりトラブルが多い。	自信がなく，批判に弱く，抑うつ的になりやすい。ネット依存，ギャンブル依存のリスクが高く，ひきこもりに発展しやすい。反社会性が強まるケースもある。パーソナリティ障害の特性が強まるケースもある。

出典）ADHD の診断・治療指針に関する研究会，齊藤万比古編『注意欠如・多動症−ADHD−診断・治療ガイドライン　第４版』じほう，2016，p.8.

ともなう困難さは持続することが多い（表６−２）[2]。

　注意欠如・多動性障害は，しばしば他の併存症を伴うことが知られている。とりわけ学習障害の併存はかねてから知られており，報告は様々であるが25〜40％にみられるとされる[3]。また，気分障害や不安障害等の併存は13〜51％，反抗挑戦性障害や行為障害（現在の素行障害）等の併存は43〜93％と報告されている[4]。

　注意欠如・多動性障害は中枢神経系の機能不全に起因することを仮定している。不注意，多動性，衝動性の特性による種々の行動上の困難さが生じる背景には，主として前頭葉が関与する認知処理過程における実行機能の困難さが数多くの研究で指摘されている。実行機能とは，将来の目標達成のために適切な構えを維持する能力とされる。目標を立てて，それを達成するにはどのような

2）ADHD の診断・治療指針に関する研究会，齊藤万比古編『注意欠如・多動症—ADHD—診断・治療ガイドライン 第４版』じほう，2016，p.8.

3）Brown, T.E. (eds.), *ADHD comorbidities handbook for ADHD Complications in children and adults*, American Psychiatric Publishing, 2009, pp. 189–231.

4）Ollendick, T.H.,
Jarrett, M.A., Grills-
Taquechel, A.E.,
Comorbidity as a
predictor and moder-
ator of treatment out-
come in youth with
anxiety, affective,
attention deficit/
hyperactivity disorder,
and oppositional/
conduct disorders,
*Clinical Psychology
Review*, 28, 2008, pp.
1447–1471.

5）**報酬系**：報酬
（reward）は，惹きつ
けられたり動機付けら
れたりする刺激の総称
であるが，報酬を得よ
うと予測し，そのため
の行動選択を示す神経
活動が報告されてお
り，報酬系は満足感や
達成感を得る等喜びを
司る脳神経回路をい
う。

方法と工夫が可能であるかを考え，それを実行する能力である。このような情報をまとめあげる方略に影響する機能不全は，何から行動してよいか整理できず，順序立てて行動がとれず，すぐに始められない，情報を保持しながら他の作業ができず，他に注意が向くと前のことを忘れてしまう，思ったことがすぐ言葉に出る等の姿に現れる。また，満足感や達成感を得る報酬系[5]の機能低下により，長期的（あるいは遅れて得られる）報酬では充足感が不十分で，短期的に報酬を得ることができない場合，待つことを最小限にするための衝動的な行動や，注意を他のものにそらし，気を紛らわせる等の代償行動として，多動性や不注意が現れるとも考えられている。

（1）不注意

　注意欠如・多動性障害は，集中困難（一つのことに集中することが難しく，集中力が長続きしない），注意転導（周りの刺激に気をとられやすく，すぐに注意がそれてしまう），完遂困難（始めたことを最後まで終えない），忘れ物が多い（忘れっぽく，すぐ物をなくす）等の特徴が指摘される。

　不注意という言葉のイメージから，物事に対して注意が足りず，うっかりな姿や集中することが難しい姿を想像しがちであるが，その一方で，好きなことや興味・関心の強いものには過度に集中しすぎる姿が見られることも少なくない。例えばゲームであれば数時間でも集中する姿等が見られる。この場合，次の活動にスムーズに移れない姿が見られ，しばしば「切り替えができない」といわれる。したがって，不注意の特徴は，自分自身で何にどれくらい集中すべきか，注意を向ける割合を柔軟に配分すべきところを上手に調節したり統制したりすることが難しい状態ということができる。

　注意を集中するという場合，自分の興味・関心の有無にかかわらず，場面や状況の必要に応じて必要なものに注意を向けることが求められる。注意を向けなくてはならないことに注意を向けていられず，別の何かに夢中になったり，他のことに注意を向けなければならない場面で，切り替えて取り組むことができない姿が見られる。これらの特徴から，課題を始めても最後までやり遂げないまま別のことを始めようとする様子や，一度に多くの課題を抱えると，それらを順序立てて遂行することができない様子，そして今すべきことがありながら，他のことを考えてしまい，ぼーっとしている様子等となって現れる。その他，整理できず乱雑になる，時間管理できず締め切りを守れない，物をなくしやすく忘れっぽいといった形で，生活場面での困難さが目立つようになる。

（2）多動性

　文字通りの多動（不適切な状況で走り回ったり，高い所へ登ったりする）をはじめ，離席（着席することが求められる場面で，席を離れる），多弁（しゃべりすぎる）等が基本的な行動特徴である。

　多動という言葉のイメージから，落ち着きなく動き回る姿を想像しがちであるが，着席していても体がもじもじ動いていたり，手足をそわそわ動かしていたり，何かをずっといじっていたり，しゃべりすぎる姿等も多動の一つに含まれる。したがって，多動性の特徴は，走り回っていても座っていても，体全体や体のどこかが（口も含めて）常に動いてじっとしていない姿として現れる。ただし，就学前は，周囲の子どもも運動活動性が高いことから，それほど注目されることはなく「元気で活発」との評価を受けやすい。動きが多いことから，転倒してのすり傷や体を角にぶつける打ち身等，小さなけがが絶えないことも少なくない。

（3）衝動性

　待てない（自分の順番を待つことができない），会話への介入（他人の言葉の続きを言ったり，質問が終わる前や指される前に答えてしまう），他人への干渉（ちょっかいを出す）等が基本的な行動特徴である。

　衝動という言葉が示す通り，本人としては欲求に突き動かされて行動に現れているが，周囲からは「いきなり」「唐突」な行動に見られるため，「どうして」「ひと呼吸考えてから」「もう少し我慢しても」等と，指示の伝わらなさや乱暴な印象を持たれやすい。衝動性の特徴として，本人は自分の行動を適切で正しいと認識しているため，行動の結果生じたいざこざの原因が，本人の衝動的な行動にある場合にも気付きにくい点にある。したがって本人の立場に立つと理由があることを理解する必要がある。

　目の前の出来事にあたかも反射的に感情のまま反応する姿は，自分の情動や感情をうまく抑制できないことによるものと考えられる。情動や感情に基づいて行動した場合，将来どのような結果（報酬）をもたらすかについて予測する能力が必要になる。期待するほどの報酬が得られない，あるいは叱られる等の罰を受けるような事態が予測されれば，通常そのような行動を抑制しようとする。また，今行動を我慢すれば，より大きい満足の結果（報酬）が将来期待できると分かれば，通常今その行動を抑制しようとする。しかしいずれも，特性として，内面で過去の経験と照らし合わせて，少しの間考えるひと呼吸がとれなかったり，あるいは報酬を得ることを遅らせられず，代わりの報酬を選択し

て充たそうとする等，外からの刺激に対して反応を遅らせることが難しい姿が見られる。これらの特徴から，列に並べず先にやりたがったり割り込んだり，会話をさえぎって話し始めたり，先回りしたりする様子等となって現れる。その他，いきなり保護者の手を振り払って駈け出したり，友だちの玩具をいきなり奪い取ったり，邪魔な友だちを突飛ばしたりするといった行動が繰り返されると，生活場面でのトラブルが多くなり，困難さが目立つようになる。

2. 注意欠如・多動性障害の特徴を踏まえた教育・保育での支援

　注意欠如・多動性障害の子どもへの教育・保育場面における支援は，教育者（小学校・中学校・高等学校・特別支援学校等の教諭をいう）・保育者（幼稚園教諭，保育士，保育教諭をいう）が中心となり，周囲が環境を整え，柔軟に調整していくことが基本になる。

　障害への理解が十分でない環境では，「他の子と変わりなく見えるのに，学習態度や生活習慣に問題がある」「何度注意しても効果がない」「なぜふつうにできないのか」等，子どもの性格に疑問を抱いたり，家庭のしつけが行き届いていないとの目が向けられやすい。しかし実際には，それ以外の子どもが1の努力でできることを，注意欠如・多動性障害の子どもは2倍，3倍，4倍の努力を必要とし，それでもできないことも少なくない。怠けていたり，やる気がなかったり，努力していないわけではない。やろうと思っても思うようにできない自分の状態に本人も悩むことが多い。したがって，まず考えるのは，周囲の環境調整（例えば，集中しやすい室内環境や活動時間と内容の工夫，運動量の確保とスケジュールの組み立て，適切な代替行動の提案と教示・練習等）である。以下に詳しく述べていく。

（1）不注意への対応

　不注意の特性への対応としてまず考えるのは，① 集中しやすい教室・保育室環境を整えること，② 集中の持続しやすい活動時間や内容を調整することである。

1）注意の転導性には環境の刺激を統制する

　気が散りやすいことをはじめ，注意が移ってしまいやすい状態（注意の転導性）には，教室・保育室環境の不要な刺激を弱め，必要な刺激を強調することが対応の基本になる。目の前の課題に従事し始めても，聞こえてきた物音や，

ふと視界に入った掲示物，廊
下の人の動き等に注意が引き
つけられてしまい，いつの間
にか本来取り組むべき課題か
らそれていることが少なくな
い。環境からの刺激を構造的
に整理して，単純明快で集中
しやすい教育・保育環境を整
える工夫が大切になる。

具体的に不要な刺激を弱め
る例としては（図6－1），

図6－1　不要な刺激は減らし必要な刺激を強調する

机の上には必要な物しか置かず，それ以外は片付ける，前方の黒板周りの掲示
物は最小限にする，棚はカーテンで目隠しする，教育者・保育者の机上は教材
等をたくさん置かない，雑音の聞こえにくい座席にする等になる。一方，必要
な刺激を強調する例としては，指示や説明を単純明快にする，板書や掲示は色
分けやコントラストをはっきりさせる等で視覚的に強調する，消えてしまわな
い手掛かりとしての手順書を掲示する，守ってほしい約束はクラス全体のルー
ルにして見えやすい位置に掲示する等である。

2）注意集中の持続には時間と内容を統制する

集中力が続かないことをはじめ，注意集中の持続が維持されない状態には，
子どもの集中できる時間に合わせたスケジュールの組み立てや課題の難易度の
調整が対応の基本になる。注意欠如・多動性障害の子どもの集中できる時間に

合わせて個別に活動の節目
を設け，その時間をつない
でいく工夫が大切になる。

具体的には（図6－2），
集中できる時間が5分であ
れば，5分で終えられる分
量の課題を用意する。興
味，難易度，種類に配慮す
る等して，5分ずつの活動
を変更しながらつないでい
く。事前にスケジュールを
視覚的に示して説明し，1

図6－2　集中時間に合わせた分量で活動をつないでいく

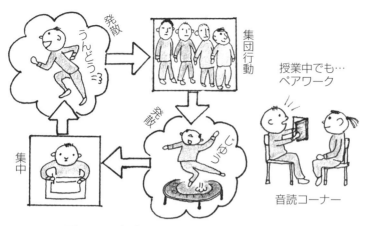

図6−3　机上課題の前に，運動量を確保する

つ終えるごとに気分転換しながら3つの活動を終えると，結果的に15分間活動に取り組めた形となる。集団活動においては，集中時間に合わせて，節目に注意欠如・多動性障害の子どもに配布係等の係活動や用事を頼む等の自然な流れを組み立てながら，結果的に活動に参加できたことを実感できる工夫等が考えられよう。

（2）多動性への対応

　多動性の特性への対応としてまず考えることは，運動量を十分確保する機会を設け，スケジュールの組み立てを工夫することである。

　具体的には（図6−3），着席して課題に取り組む活動の前に，運動量を確保できる時間を設けることで，机上での学習時間を落ち着いて穏やかに過ごしやすくなる。動かずにはいられない状態に対して，どのようにして座らせておくかと考えるよりも，体を使った活動を授業中であっても取り入れることを考える。休み時間等の節目には，歩いたり走ったり動くことができる環境を整え，動きたい気持ちが満たされるようスケジュールを組み立てていく。

（3）衝動性への対応

図6−4　動機を尋ね，目的を達成するための行動を教える

　衝動性の特性への対応としてまず考えることは，教育者・保育者が衝動的な行動一つ一つの動機を尋ね，本来の目的を達成するための適切な行動を一つ一つ丁寧に教えていくことである。

　具体的には，例えば，突然他の子どもを突き飛ばしたように見える行動には，何をしたかったのかを尋ね，友だち

の持っていた本を読みたかったのであれば，それを叶えるためには「○○くん，かしてっていうんだよ」等と，適切で具体的な行動を提案し，そして次の機会に向けて行動を再現する練習を一緒にする（図6 － 4）。

（4）二次障害の予防

　注意欠如・多動性障害の子どもは，その抱える特性のために失敗経験を繰り返すことが多く，自己評価の低下や自信喪失につながりやすい。近視の子どもに「なぜ見えないのか」と問うても仕方ないのと同じように，できないことを指摘するのではなく，積極的にやろうとしたことやトラブルなく過ごせたことに注目し，ほめていく。クラスでも，障害のある子どもが責められるような場面においても，教育者・保育者は，「どの子どもも一生懸命やっている」ことを穏やかに伝えていく。また常にクラス全員に向けてお互いに親切にすることや協力することの重要性を伝え，クラスの一人一人が「君がいてよかった」と感じる雰囲気をつくることや，お互いに「ありがとう」と感謝される関係性を築いていくことが大切になる。これらは障害のある子どもが自分の存在感を自覚でき，二次障害6)の現れを予防することにつながる。注意欠如・多動性障害の子どもは，考え方は器用ではなく頑（かたく）なところがあるが，心根はやさしさをもちあわせていることが多い。その姿を引き出せると周囲から人間性をほめられ，自尊感情の維持や回復につながる。障害特性にあてはめるだけでなく，その子どもの素（す）のよさを探し，認めて伸ばしていくことにも注意を向け，二次的に生じる自尊感情の低下を防いでいくことが重要である。

6）　この場合は，一次障害としての注意欠如・多動性障害によって発症する二次的な自尊感情の低下等をいう。

演習課題

課題1：注意欠如・多動性障害の当事者の手記から，幼児期や学童期をどのように述懐しているか調べてみよう。

課題2：不注意，多動性，衝動性の状態が現れにくい教室・保育室環境について考えてみよう。

課題3：自尊感情の低下をはじめ，二次障害を予防する具体的な方法について話し合ってみよう。

コラム　ペアレント・トレーニングの手法を活用して

　ペアレント・トレーニングは，発達障害のある子どもの保護者が子育てを行う上で有効な手段の一つです。まず子どもの行動を3種類（「好ましい行動」，「好ましくない行動」，「危険な行動・許しがたい行動」）に分けます。好ましい行動には肯定的な注目を向け，好ましくない行動にはとりあわないで，好ましい行動を待って，あるいは探して，ほめることをします。効果的な指示の仕方（「あなた自身が穏やかに（Calm）」「子どもにもう少し近づいて（Close）」「声のトーンを抑えて静かに（Quiet）」）で子どもの協力を引き出し，好ましい行動を増やしていきます。できるだけこの「ほめる」「とりあわない，待つ，ほめる」「効果的な指示」で対応していきますが，それでも「危険な行動や許しがたい行動」が繰り返される場合には制限を設けます。

　行動に焦点をあてることがポイントであり，問題視される行動を繰り返す場合でも，子どもの人格と切り離し，「あなたはかわいい子どもでとても大切な存在だけど，その行動はよくないよ」とのメッセージを子どもへ伝えることができます。行動は良くも悪くも評価できるけれど，「あなたは優しい子だよ」と子どもの人格をいつも肯定できるのです。そのような姿勢をもてることで，保護者は子どもの行動をよく見る時間をもて，少し客観的に，そして冷静になることができます。「好ましい行動」をあげてもらう場合，「ほめたいけれどほめるところがない」と話す保護者には，プラスがなくてもマイナスがなければほめるに値する行動をあげてもらいます。そして子どもの行動の特徴を理解し，それに対して肯定的な面に注目する効果的なスキルを保護者が手にしていきます。保護者の行動のあり方が変わることで，注意欠如・多動性障害の子どもとの悪循環（図6-5）を断ち，関係性が好転し，保護者と子どもがともに自己有能感や自尊感情を取り戻し，日常生活がより穏やかに過ごせるようになるのです。元々は，注意欠如・多動性障害の子どもをもつ保護者を対象に実施されることの多いプログラムですが，現在は他の発達障害はもちろん，あらゆる子育てや，教育者・保育者向けに応用され活用されています。

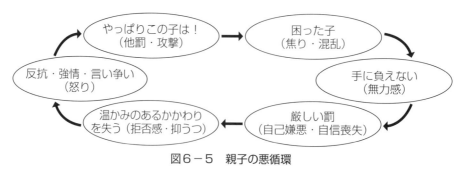

図6-5　親子の悪循環

出典）上林靖子監修，北 道子・河内美恵・藤井和子編『こうすればうまくいく発達障害のペアレント・トレーニング実践マニュアル』中央法規，2009，p.2.

学習障害の特徴と教育・保育での支援

第7章

学習障害（LD）は，全般的な知的発達水準に問題がみられないにもかかわらず，その知的発達水準に応じた学力水準に達していない状態にあり，特に，学習において最も重要な読み・書き・計算に主な困難を示す障害である。本章では，我が国及び医療分野で用いられる学習障害の定義と診断基準を確認し，学習における困難さを明らかにして支援の計画を立案するためのアセスメント，そして実際の指導・支援法について，学習する。

1. 学習障害の特徴

（1）我が国における学習障害の定義

我が国では，1999（平成11）年に文部省（当時）「学習障害及びこれに類似する学習上の困難を有する児童生徒の指導方法に関する調査研究協力者会議」で報告された以下の定義が用いられる。

> **学習障害の定義（文部省，1999）**
>
> 学習障害とは，基本的には全般的な知的発達に遅れはないが，聞く，話す，読む，書く，計算する又は推論する能力のうち特定のものの習得と使用に著しい困難を示す様々な状態を指すものである。
>
> 学習障害は，その原因として，中枢神経系に何らかの機能障害があると推定されるが，視覚障害，聴覚障害，知的障害，情緒障害などの障害や，環境的な要因が直接の原因となるものではない。

出典）文部省「学習障害児に対する指導について（報告）」1999.

上記の定義にある「聞く，話す，読む，書く，計算する又は推論する能力」の具体的な内容については，文部科学省が2002（平成14）年と2012（平成24）年に実施した全国調査で用いた項目が参考になるので表7－1に示しておこう。

表7－1　文部科学省調査で用いられた学習上の困難に関する調査項目

領域	内容（質問項目）
聞く	・聞き間違いがある（「知った」を「行った」と聞き間違える）。 ・聞きもらしがある。 ・個別に言われると聞き取れるが，集団場面では難しい。 ・指示の理解が難しい。 ・話し合いが難しい（話し合いの流れが理解できず，ついていけない）。
話す	・適切な速さで話すことが難しい（たどたどしく話す。とても早口である）。 ・ことばにつまったりする。 ・単語を羅列したり，短い文で内容に乏しい話をする。 ・思いつくままに話すなど，筋道の通った話をするのが難しい。 ・内容を分かりやすく伝えることが難しい。
読む	・初めて出てきた語や，普段あまり使わない語などを読み間違える。 ・文中の語句や行を抜かしたり，または繰り返し読んだりする。 ・音読が遅い。 ・勝手読みがある（「いきました」を「いました」と読む）。 ・文章の要点を正しく読み取ることが難しい。
書く	・読みにくい字を書く（字の形や大きさが整っていない。まっすぐに書けない）。 ・独特の筆順で書く。 ・漢字の細かい部分を書き間違える。 ・句読点が抜けたり，正しく打つことができない。 ・限られた量の作文や，決まったパターンの文章しか書けない。
計算する	・学年相応の数の意味や表し方についての理解が難しい 　（三千四十七を300047や347と書く。分母の大きい方が分数の値として大きいと思っている）。 ・簡単な計算が暗算できない。 ・計算をするのにとても時間がかかる。 ・答えを得るのにいくつかの手続きを要する問題を解くのが難しい（四則混合の計算。2つの立式を必要とする計算）。 ・学年相応の文章題を解くのが難しい。
推論する	・学年相応の量を比較することや，量を表す単位を理解することが難しい（長さやかさの比較。「15cmは150mm」ということ）。 ・学年相応の図形を描くことが難しい（丸やひし形などの図形の模写。見取り図や展開図）。 ・事物の因果関係を理解することが難しい。 ・目的に沿って行動を計画し，必要に応じてそれを修正することが難しい。 ・早合点や，飛躍した考えをする。

出典）文部科学省「通常の学級に在籍する発達障害の可能性のある特別な教育的支援を必要とする児童生徒に関する調査結果について」2012，pp.16–18.

（2）他分野での定義と共通点の整理・まとめ

医療分野ではICD–10[1]「精神及び行動の障害」，DSM–5「精神疾患」の分類に示されている診断基準が用いられる。

世界保健機関（WHO）が1992（平成4）年に刊行したICD–10においては，学習障害を「心理発達の障害」のなかに位置付け，「学力の特異的発達障害」という名称となっている。そして「特異的読字障害」，「特異的綴字［書字］障

1）　ICD–10：世界保健機関による疾病等の分類。ICDの正式名称は，International Statistical Classification of Diseases and Related Health Problems：疾病及び関連保健問題の国際統計分類である。約10年ごとに改訂され，ICD–10は第10版になる。

害」，「特異的算数能力障害［算数能力の特異的障害］」といった読み・書き・計算の3項目を主な障害としている[2]。

　また，アメリカ精神医学会が2013（平成25）年に改定したDSM-5では，「神経発達症群／神経発達障害群」の中に学習障害を位置付けた上で，「限局性学習症／限局性学習障害」という名称となった。そして「読字の障害を伴う」，「書字表出の障害を伴う」，「算数の障害を伴う」等，障害のある学習領域・下位技能を明記することとなった[3]。

　以上のように，医療分野では，読み障害であるディスレクシア（dyslexia），書き障害であるディスグラフィア（dysgraphia），算数障害としてのディスカルキュリア（dyscalculia）が主たる障害として定義されている。

　文部科学省と医療分野との定義に多少の違いはあるものの，共通点として，学習障害においては「知的発達に遅れはないのに，学力の水準がかなり低い範囲にある」ということになる。知的発達水準と学力水準の不一致（ディスクレパンシー）を評価することが重要となってくる。

> **学習障害の定義の整理**
> ・知的発達水準から予想される学力（読み・書き・計算・数概念）の水準に達していない。
> ・知的障害，聴覚障害，視覚障害等のその他障害が直接的な要因ではない。
> ・学習環境等の環境的要因も直接的な要因ではない。

（3）学習障害のアセスメント

　学習障害かどうかの最終的な判断は医師が行うべきものであるが，診断やその後の支援方策を立案する際に有益な情報をもたらすものが知能検査や学力検査等のアセスメントである。標準化された個別の知能検査や学力検査，検査実施時にどのような過程で問題解決を行っているかの分析，生育歴や普段の様子等，様々な情報を収集して対象の子どもを総合的に判断することが重要となる。

　知能検査でよく用いられるものとして，WISC-IV（Wechsler Intelligence Scale for Children）[4]，KABC-II（Kaufman Assessment Battery for Children）[5]，DN-CAS（Das-Naglieri Cognitive Assessment）[6]があげられる。

　それぞれの検査は単独で用いられることもあるが，検査を組み合わせて対象の子どもの知能とその様々な側面を多面的に分析し，全般的な知能のみならず認知面のアンバランスさを明らかにするのに役立つ。特にKABC-IIは，本章の最初に述べた学習障害の定義にある「聞く・話す・読む・書く・計算する・推論する」項目の検査が習得尺度に含まれており，全般的な知的発達及び継次

2）融道男・中根允文・小見山実・岡崎裕士・大久保義朗監訳『ICD-10精神および行動の障害—臨床記述と診断ガイドライン—新訂版』医学書院，2005．

3）American Psychiatric Association，日本精神神経学会監修『DSM-5精神疾患の診断・統計マニュアル』医学書院，2014．

4）**WISC-IV**：ウェクスラー，そしてその後継者たちが開発してきた知能検査の中で児童用のもの（適用年齢5歳0か月～16歳11か月）。4つの指標得点（言語理解指標，知覚推理指標，ワーキングメモリー指標，処理速度指標）から全般的な知的発達と個人内差（個人の中での各指標の差異）をみることができる。

5）**KABC-II**：カウフマン夫妻によって作成された，認知処理過程と習得度に分けて測定できる知能検査。認知処理過程とは情報を認知的に処理して新しい

課題を解決する際に用いる能力であり，これを通して獲得した知識や技能の度合いが習得度となる。適用年齢2歳6月～18歳11か月。

6）**DN-CAS**：ナグリエリとダスによって，知能のPASS理論（プランニング・注意・同時処理・継次処理）に基づいて作成された，13の下位検査で構成される検査。適用年齢5歳0か月～17歳11か月。

7）**継次処理**：情報を一つずつ時間的・系列的に処理。情報の順序が重要となる。
同時処理：同時に複数の情報を統合し，全体的なまとまりとして処理。情報同士の関係性が重要となる。

8）文部省「学習障害の判断・実態把握基準（試案）」，1999.

9）学習障害及びこれに類似する学習上の困難を有する児童生徒の指導法に関する調査研究協力者会議「学習障害児に対する指導について（報告）」1999，p.12.

10）小池俊英・雲井未歓編著『遊び活用型読み書き支援プログラム』図書文化社，2013，p.17.

処理－同時処理[7]といった認知処理様式と学力面とが，同時にアセスメントできるよう構成されている。

学力面のアセスメントは他に，実際の学習場面での評価として小学2～3年では1学年以上の遅れがある場合，小学4年～中学生においては2学年以上の遅れがある場合に，著しい遅れと評価する[8]こととなっている。加えて，学業成績，日頃の授業態度，提出作品，ノートの記述，保護者から聞いた生活の状況等，その判断の根拠となった資料等により確認することも示されており[9]，子どもの実態を直接評価することが肝要となる。

以上，ここまであげたアセスメント結果をもとに，さらに詳細なアセスメントを行う場合もある。例えば，読みの正確さや流暢さの検査，読み書きスクリーニング検査，視知覚や眼球運動に関する検査等があげられる。

（4）学習障害児の特徴

1）単語の読み過程と読み書きの困難さ

単語の読みの過程は，成人の読み障害の研究によって明らかにされてきた。それらの研究によると，読みの神経回路には「音韻ルート」と「語彙ルート」の2つがあることが分かってきたのである[10]。図7－1はこれまでの認知神経心理学的アプローチにより明らかとなった単語読みのプロセスを平仮名の読みにあてはめたものである。図7－1左側の「音韻ルート」ではまず，一つの文字を視覚的に認知し，その文字を音に変換する。そして，文字列中の一つ一つの文字について同様の処理を繰り返した後に，音をまとめて意味を知るルートである。具体的には，例えば「みかん」という文字列であれば，「み」を見て音に変換し，「か」と「ん」についても1文字ずつ音に変換する。その後に「みかん」とまとめあげて果物のみかんであることを理解する，といった過程である。文字を理解し読めるようになったばかりの子どもの逐次読みを想像すると分かりやすいだろう。図7－1右側の「語彙ルート」では，文字の連なりを語の単位にまとめあげ，単語として視覚認知する。そして単語としての意味を理解した後に音に変換する，といった過程となる。1文字ずつ読んだ後に単語としてまとめあげる「音韻ルート」と

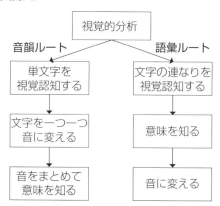

図7－1　平仮名単語の読みモデル

出典）大石敬子「読み障害児の指導―神経心理学的アプローチ―」小児の精神と神経，32，1992，p.216，図2を参考に作成

比較すると，語単位にまとめて読む「語彙ルート」は効率的な読み方といえよう。平仮名1文字ずつの読みに熟達していること，単語について親近性の高い（＝よく目に触れ読んでいる）ことが必要となる読み方略である。以上のことから，子どもの発達において，読みの初期段階では「音韻ルート」を通る読み方略を使用し，その後「語彙ルート」を通る読み方略が確立していくと考えられる。

この読みモデルから，学習障害児の文字・単語の読み書き困難の原因として，① 文字の視覚的分析でのつまずき，② 文字から音へ変換できない音韻処理[11]のつまずき，③ 意味抽出できない語彙の少なさ，④ 聴覚的短期記憶[12]の弱さによる単語認知のつまずき，があげられる。① 視覚的分析につまずきがあれば，そもそも文字を認識することが難しい段階となる。② 音韻処理につまずきがあると，文字から音への変換に時間が掛かり，普段話すことができる単語でも，読みの時にだけ時間が掛かったり，書く時には文字の順序が入れ替わったりすることが生じる。促音（例：きっぷ）や拗音（例：でんしゃ）といった特殊表記文字の読み書きにも困難が生じるのである。③ 語彙が少ない場合には，「語彙ルート」を通ることができなかったり，「音韻ルート」により単語が読めたとしても理解できない，といったことが生じてしまう。さらに④ 聴覚的短期記憶が弱い場合は，「音韻ルート」で1文字ずつ音に変換できたとしても，自ら読んだ単語の音を保持しておくことができないことで，単語にまとめあげられず，最終的に意味をとらえることができてなくなってしまう。その他，書きの困難さは，見えている通りに線を書くといった視覚－運動協応の困難さや，視覚的短期記憶の弱さや視覚認知の弱さが原因となって漢字の部品が抜け落ちてしまうといった困難さもあげられる。

2）数に関する困難さ

計算や数概念にかかわる困難さについては，数・計算における特異な能力のつまずきや，視覚認知や記憶等の認知能力の弱さ等が複合的に絡まりあって発現すると考えられている。計算能力の発達にかかわる能力について図7－2に示した。

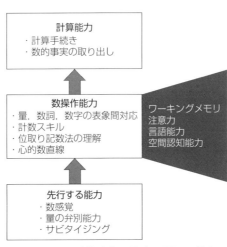

図7－2　計算能力の発達に関わる能力

出典）玉井　浩・若宮英司編集『子どもの学びと向き合う医療スタッフのためのLD診療・支援入門』診断と治療社，2016，p.25，図3を参考に作成

11）**音韻処理**：例えば，「りんご」を「り」「ん」「ご」の3音に分解したり，「りんご」の「ん」と「みかん」の「ん」は同じ音だと認識したりする能力。「ミルク」の反対は「クルミ」と分かることも音韻処理である。文字学習の基礎をなす。

12）**短期記憶**：数十秒間情報を保持可能な記憶を指す。短期記憶には容量があり，多くの情報を保持するために要素をまとめることが必要となる。例えば意味のない数字の列（794）を言葉に置き換える（ナクヨ）と量が圧縮されてより多くの情報を保持することができる。

　人間は生得的に有している３個程度の個数を瞬時に把握する能力（サビタイジング）や，数の相対的な量の弁別，数に対する感覚を活用して数に対する能力が発達していく。数操作に関する能力としては，物を数える計数スキルや数唱スキルといったものが重要となってくる。算数につまずきがある子どもたちには，対象を１対１対応で数えられなかったり，「３の次はいくつ？」と聞かれた際に「１，２，３…」と始めから数えないと分からなかったりと，これらの数操作スキルの発達につまずきがある子どもも多い。また，数操作能力が成熟しても継次処理能力の弱さが原因となって計算手続きが定着しなかったり，視覚認知や同時処理の弱さから筆算が苦手だったり，と様々な段階でつまずきが現れる。

２．学習障害の特徴を踏まえた教育・保育での支援

（１）認知－学習と長所活用型指導

　認知とは，見たり聞いたりしたものを記憶する・理解する脳の様々な機能のことであり，知覚・記憶・思考等を含む学習に関わる知的活動全般のことを指す[13]。学習障害児の学習において，認知の流れを踏まえた支援は重要となる。図７－３は認知をもとに学習に困難を示す子どもの支援方略を考える「子どもの得意・不得意チェックシート」と呼ばれるものである。この図では，視覚や聴覚といった諸感覚器から取り入れ

13）藤田和弘『「継次処理」と「同時処理」学び方の２つのタイプ』図書文化社，2019.

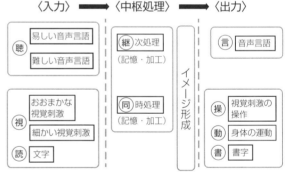

図７－３　子どもの得意・不得意チェックシート

出典）聖徳大学特別支援教育研究室編『一人ひとりのニーズに応える保育と教育―みんなで進める特別支援―改訂２版』聖徳大学出版会，2019，p.210，図12−１.

られる様々な情報（図中＜入力＞の箇所）を，脳内で処理（図中＜中枢処理＞）し，言葉によって反応したり，運動・操作で反応したりする（図中＜出力＞）一連の流れを表している。継次処理と同時処理については，学習障害児においてはこの２つの能力にもアンバランスさが見られることが多い。学習障害児の指導・支援ではこのチェックシートを用いて，苦手な部分を鍛えていく「短所改善型指導」ではなく，得意な部分を活用して苦手な部分をフォローしていく「長所活用型指導」が重要となってくる。

　長所活用型指導では，継次処理か同時処理かといった得意な認知処理様式を活かして学習することを前提としている。表７－２は，継次処理型指導方略と同時処理型指導方略の５つの原則である。認知処理様式に偏りがない場合はどちらの方略を選択してもよいが，子どもの認知処理様式に偏りがある場合，この５原則が非常に有効に働く。また，子どもが選択する学習方略と得意な学習方略が一致していない場合もある。そのため，普段はどのような学び方をしているか，どのような場合だと学習がうまくいっているか等，日常の様子をつぶさに観察することが必要となる。５原則の枠組みを念頭に置きながら，子どもを観察したり働き掛けたりすることが，アセスメントをするための基本となる。

表７－２　長所活用型指導における５つの原則

	継次処理型指導方略		同時処理型指導方略	
1	段階的な教え方	・時間の流れ ・段階毎に示す ・スモールステップ化	全体的な教え方	・最初に全体を示す ・最初に大まかに説明する
2	部分から全体へ	・小さな要素から提示し，徐々に全体へと広げていく	全体から部分へ	・全体を捉えさせてから，部分的要素に着目するようにする
3	順序性を踏まえた教え方	・番号順に，左から右へ，上から下へ，と順序性を際立たせる	関連性を踏まえた教え方	・複数の情報の関連性に着目 ・目的，注目すべき点を際立たせる
4	聴覚的・言語的手がかり	・聞く，読む，言語化を重視	視覚的，運動的手がかり	・視覚化，動作化を重視
5	時間的・分析的	・時間経過に従ったステップ ・細かく分ける手法を用いる	空間的，統合的	・空間関係を把握しやすく図示 ・情報を相互に関連を持たせ，まとまりを作る

出典）藤田和弘『「継次処理」と「同時処理」学び方の２つのタイプ』図書文化社，2019，p.61，表２-1．

（２）学習障害児に対する長所活用型指導・支援の実際

１）聴覚的短期記憶・継次処理が弱いが，視覚処理や同時処理が強い　Ａ児の漢字学習

　Ａ児は，漢字の視写はできるが，テストでは一本足りない等のミスで点数が取れないことが多かった。文章に書かれている順番どおりに絵を並べ替える課題を行ったが，文章を読んで内容を理解せずに絵だけを見て順番を判断していた。算数では，繰り上がりのない加算でも暗算は難しい様子で，指を使えば計算できた。九九はある程度音で覚えているが不完全であり，ほぼ九九表を用いて計算していた。アセスメント結果から，書くことよりも物を操作する等，視

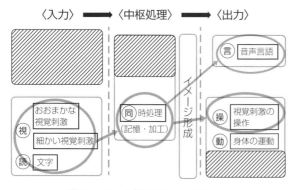

〈入力〉　➡　〈中枢処理〉　➡　〈出力〉

図7-4　A児のチェックシート

注）○は得意な能力で活用する箇所，斜線部は困難な部分で避ける
　　箇所，図7-3を基に作成

覚的情報を用いて，部分と全体とを関係付け
ながら支援していく指導法が重要であると考
えられた（図7-4）。またお話好きでもあ
ったことから，視覚情報について話し合う活
動も取り入れた。漢字指導では，まず具体的
な物が複数描かれた一枚の絵を用いて，絵の
物と漢字をマッチングする課題を行った後，
用いた漢字を部品に分解した漢字パズルを用
いた学習を行ってみた（図7-5）。この学
習を行った結果，一度実施した漢字は忘れる
ことなく定着した。

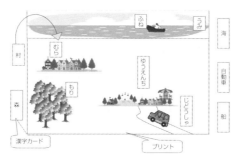

図7-5　A児の漢字学習

注）左側は絵と漢字のマッチング課題・右側は漢字パズル

2）視覚情報処理・同時処理が弱いが，聴覚的短期記憶や継次処理が強いB児の算数学習

　B児は，九九はCDを聞いて覚えたそうである。10までの計算はできるが，
繰り上がりや繰り下がりの計算には指を用いて計算していた。「5は，3と
2」といったように，一つの数を分解することが難しかった。アセスメント結
果から，B児は言語理解面に弱さがあること，聴覚的短期記憶は良好なこと，
視覚的情報の処理には困難さがあること，同時処理よりも継次処理が強いこ
とが明らかとなった。そこで，B児でも理解しやすい簡単な言葉を用いて，順
序性の重視・段階的な教え方という得意な継次処理能力を活かした指導を行う
ことが重要だと考えられた（図7-6）。そこで，つまずきが顕著であった繰
り上がり・繰り下がりのある計算において，聴覚的な継次処理を活用するため
に，手順をB児が理解しやすい簡単なことばで具体的に提示し，言語化しなが
ら問題を解いていくといったスタイルを採用した（図7-7）。指導の際は，
例えば「10から8とると2，5たす2で7」というように，本児が理解しやす

い簡単な言葉で計算手順を具体的に提示し，言語化しながら教材の□の部分を埋めていくように指導した。その結果，計算シートがなくても独力で繰り上がり・繰り下がりの計算が可能となった。

　学習障害児は学習からの回避から登校拒否になる等の二次障害に発展する可能性もある。子どもの得意な部分を活用し，賞賛しながら効果的な指導を行っていくことが重要である。

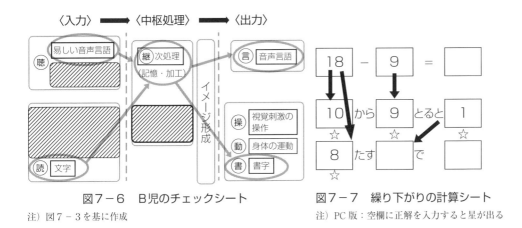

図7－6　B児のチェックシート
注）図7－3を基に作成

図7－7　繰り下がりの計算シート
注）PC版：空欄に正解を入力すると星が出る

3）乳幼児期における学習障害児の支援

　乳幼児期においては，発達の個人差が大きいため，「学習障害かどうか」を評価しようとすることには危険性が伴う。しかしながら，普段の会話や言葉掛けに対する反応，数量や図形，文字への興味・関心等，保育者にとって気になる様子が出てくることもあるだろう。その場合もやはり，本節であげている子どもの得意・不得意チェックシートと長所活用型指導の考え方が役立つはずである。

　図7－8は藤田[14]がまとめた保育における長所活用型指導を参考に，保育学生が作成した教材である。例えば，朝の保育活動のなかに「通園ノートに

14）藤田和弘監修，熊谷恵子・高畑芳美・小林玄編著『幼稚園・保育園・こども園用　長所活用型指導で子どもが変わる Part4認知処理様式を生かす遊び・生活・行事の支援』図書文化社，2015.

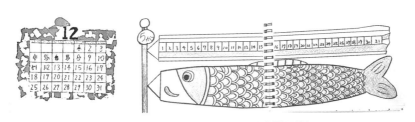

図7－8　通園ノートのシールを貼る欄
注）左：カレンダータイプのもの，右：同時処理が苦手で継次処理が得意な子どもを想定して作成したもの

シールを貼る」といった行為が組み込まれていることも多い。通園ノートにシールを貼る所定欄は通常，横軸が曜日，縦軸が週となっているいわゆる月表示カレンダーとなっている（図7-8の左のカレンダー）。このカレンダータイプの所定欄は，一週間やひと月をぱっと見て全体を見渡すことができるいわば同時処理型の提示方法である。継次処理が得意で同時処理が苦手な子どもだと今日の日付が見つけられなかったり，日付の理解が難しかったりする場合が多い。そのようなタイプの子どもに対しては，図7-8の右のカレンダーのように，一月が一列に配置されている所定欄を用意することで，左側から順番に数えて今日の日付を確認し，シールを貼ることが容易になるだろう。

　通常，3歳頃から「太い」「高い」等の量的概念を実際の体験と言葉とを結びつけて理解していく。聞くことや話すことといった言語面に困難さのある子どもにとっては，そのような言葉の理解にもつまずきが予想される。そのような子どもに対しては，同時処理が得意であれば「長い-短い」や「多い-少ない」等，図7-9の左側のような教材を用いて，対となる単語をパズル形式で遊びながら学ぶようにした教材を用いるとよい。継次処理が強い子どもの場合には，図7-9の右側のような教材を用いて，例えば身体の長い動物の絵（折り曲げて縮めたり，伸ばせるように工夫している）を伸ばしながら「ながーい」と言葉でも長めに言ったりして強調すると，言葉の意味が分かりやすくなるだろう。

図7-9　量的概念の理解のための教材

注）左：同時処理を意識しパズル型に作成，右：継次処理を意識し「短い-長い」
　　を連続的に示すため紙を任意に折り曲げられるよう作成

　聴覚的短期記憶が弱く，中々歌が覚えられない子どもの場合には，一節ずつ歌詞を区切り，歌詞の内容を絵や写真で示したものを提示していく方法も有効である（図7-10左）。一枚ずつ順番に提示していく方法のため，継次処理タイプを意識した教材となっている。絵と同時に文字も示しておくと，文字が読める子どもの助けとなるし，文字への興味も同時に育てることもできる。同時処

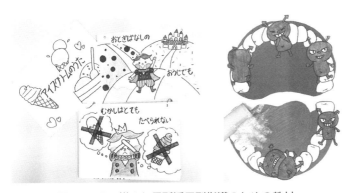

図7-10 様々な長所活用型指導のための教材

注）左：歌詞を一節毎に提示する継次処理タイプ教材，右：口腔内全体を見渡せ
　る同時処理タイプの歯磨き教材

理が強く継次処理が弱い子どもの場合は，パネルシアター等を用いて，歌詞で
表現されているものを全て提示しておき，音楽に合わせて中心に貼ったり移動
させたりしながら活動を行うことで，歌の内容を理解して覚えることができる
ようになる。

　その他に，着替えや歯磨き指導等，日常生活動作を教えることも保育にとっ
て欠かせない。子どもの特徴に合わせて教材を作成することを通して，子ども
への働き掛けをすみやかに実行できるように，日頃から長所活用型指導を基本
とし，子ども理解や保育技術の研鑽に励んでほしい。

演習課題

課題1：「学習障害（LD）」という呼称はどのように変遷してきたか，分野に
　　　　よってどう異なるか調べよう。
課題2：自分が普段行っている学習方略は，継次処理型か同時処理型か検討し
　　　　てみよう。
課題3：子どもの認知特性に応じた教材を作成して実践してみよう。

コラム　特別支援教育における ICT・AT 活用

　教育における ICT（information and communication technology：情報通信技術）活用は，2018（平成30）年 6 月に文部科学省から「Society5.0に向けた人材育成～社会が変わる，学びが変わる～」が打ち出された後，2019（令和元）年 6 月25日には「新時代の学びを支える先端技術活用推進方策（最終まとめ）」において学習障害（LD），注意欠如・多動性障害（ADHD），自閉症スペクトラム障害（ASD）といった発達障害のある子どもの力を最大限に引き出すための ICT 活用が言及され，さらに同日「学校教育法等の一部を改正する法律の公布について（通知）」において，デジタル教科書使用の効果について言及された。また，同年 6 月28日に「学校教育の情報化の推進に関する法律（通知）」が出され，「子どもの特性に応じた教育」，「多様な方法による学習」，「障害の有無にかかわらず全ての児童生徒が円滑に利用することができるデジタル教材等の開発の促進に必要な措置を講ずる」ことが明文化され，学校教育において ICT をより活用していく方策が取られることとなった。

　特別支援教育の世界では，以前から ICT や AT（assistive technology：支援技術）の活用が精力的に取り組まれてきた。発達障害の分野では，VOCA（voice output communication aids：音声出力型会話補助装置）を活用したコミュニケーション支援が継続的に取り組まれてきており，今後はタブレット端末上でどのように活用していくかが期待される。

　学習障害児やその他学習に困難のある子どもたちにとっては，今後さらに整備が進むタブレット端末やデジタル教科書の活用が重要となってくる。読み書きが困難な子どもに対しては，画面読み上げ機能やキーボード・フリック入力または音声入力が代替手段としてもっと活用されてよいだろう。その他にも，作文等の文章作成の際に自分の考えをまとめるためのイメージマップアプリや，イラストやカメラ・画像編集アプリによる思考の可視化アプリ，次の活動や準備物を予め登録しておいて時間になったら教えてくれるスケジュールアプリ等がある。既に様々な認知面を支援するアプリが開発されているので活用していくべきである。

　問題はこれらをどのように活用するか，子どもの特性に応じた使い方やアプリに対する知識といった指導者の資質・能力が問われる時代になってきたといえる。

第8章 言語障害の特徴と教育・保育での支援

私たちは，言葉を使って話をし，コミュニケーションを図っている。人を知ること，社会を知ること，自分を表現すること等，人にとって話すことは重要なスキルといえる。うまく話せないために孤立したり，いじめられたり，そんな時の苦しみを知り，支援することは，教育者（小学校・中学校・高等学校・特別支援学校等の教諭をいう）・保育者（幼稚園教諭，保育士，保育教諭をいう）にとってとても必要なことといえる。言葉を使って表現できないことを言語障害という。本章では言語障害について解説していく。

1. 言語障害の特徴（吃音，構音障害を含めて）

（1）言葉の役割

私たちは毎日言葉を使ってコミュニケーションを図っている。そこには言葉だけでなく，表情やしぐさ等が加わり，伝えたい内容の正確さを増していく。

言葉は，知的活動（思考や論理立てて考える）の基になっていて，言葉を持たないと考えることができない。頭で考えることは，言葉を使って考えることである。その人の考えるということは，その人がもっている言葉の数や種類によって左右される。子どもの考え方が幼いとされるのは，その子がもっている言葉の数が少ないことにも要因がある。考えたこと，思っていることを他者に伝える際に基になるのが，言葉なのである。コミュニケーションは，想いや考えをやりとりすることだが，言い換えると言葉のやりとりが基本である。また事実を正確にとらえる，社会で起きていることを知る，歴史を知る，学ぶ等，言葉は重要な役割を果たす。この時の言葉の意味は共通である必要がある。同じ言葉でも，意味が違っていては，やりとりができないからである。

1) 日本の禅僧・一休宗純の子ども時代の説話とされる昔話『一休咄』をもとに作られた。禅問答が多く引用されている。

> **コラム　一休さんのとんち話[1]**
>
> 以下は一休さんのとんち話です。
> 橋の上に立札が立てられ，そこには「このはし，通るべからず」と書いてありました。町の人はどうしてこの橋を通ってはいけないんだ，橋を渡れないと困る，と騒いでいて，一休さんに助

けを求めます。しばらく考えた一休さんは堂々と橋の真ん中を渡った，という話があります。

「はし」のはしを「端」と考えるか「橋」と考えるかで大きく意味が変わることを考えさせるものです。言葉の意味は，みんなが同じ意味にとらえていることで意思疎通ができるのですね。

（2）言語障害とは

言語障害とは，言語の使用や理解に関する障害の総称とされている。それは，音声・発音・発声と表現・理解についての障害である。そしてその障害は，胎児から高齢者まで起きる可能性があり，その原因は様々である。脳・神経系の疾患（例えば脳卒中や頭部外傷），奇形や変形（口蓋裂2)），難聴，生活の状況等がある。したがってその原因によっては同じ言語障害であっても療育方法等の対応は大きく変わる。言語障害はコミュニケーションにかかわる障害なので，その人がどのような人なのかを考える時に，顔の印象や体形等と共に声の出し方や語彙に人は着目し，判断することになる。本人にとって何ら問題が生じていなくても，社会的な不都合が生まれる要因である。支援者・療育者としては，その要因となる障害について知っておく必要がある。

（3）言語障害の種類

言語障害は，その原因によっていくつかに分けられる。

言語活動では，言葉を覚える時期に必要な情報の入り口となる聴力，耳で聴きとった情報を脳に伝える神経系，情報を処理し，獲得した情報を記録する大脳，処理した情報を話すための各機関に命令する神経系，声帯やのど等を使って，声を発する段階に分けられる（図8−1参照）。それぞれが各年齢や機能障害の程度により，言語活動に影響を及ぼすのである。つまり言語障害とは，言語の習得時の困難さがあったり，使用時に困難さがあったりする状況といえる。次に言語障害の乳幼児におきる主要なものを次頁に紹介する。

2)　**口蓋裂**：天井部分（口蓋という）からのどちんこ（口蓋垂）の部分にかけて裂け目がみられる形態異常である。唇裂と口蓋裂は合わさって生じることもある。

図8−1　言葉の流れ

1）言語発達障害（言葉の遅れ）

言語発達障害は，言葉の理解と表現が同じ年齢の子どもの発達程度から遅れている状況である。言葉への理解力や表現の仕方（語彙やスキル），また聞こえたことや感じたことを言葉にするプロセスに困難さやつまづきがある。遅れには，話し言葉の遅れと内言語[3]の発達の遅れの２つがある。言語発達障害がおこる主な要因には，知的発達障害や自閉症スペクトラム障害，言語学習能力の制限，高度の難聴があげられる。具体的には次の３つの特徴があげられる。

① 語彙[4]が少ない。同年齢の子どもが知っている語彙の知識が少なく，また多様性に欠けている。あるいは意味が違っていたり，あやふやであったり，その言葉以外に類似する言葉を知らない，理解できない状態である。

② 文法に沿って単語を配置することがうまくできない。あるいは間違った使い方をしている。長い文章を作ることが苦手で，短く単純な文を使う。過去のことを話すときに時制の間違いが多い。

③ 順序立てて話すことが苦手である。話したいことをまとめられない。聞く側の立場に立てず，話が一方的になる。

こうした特徴は，環境的な要因も大きく影響することがある。言語機能に問題が生じていなくても，日常的に的確に言葉を使って表現することを学べない，子どもの発語に対し適切に応答する人がいない等の環境的な要因で，同様な状態になる。またそのような環境の継続は，言葉の習得にとって取り返しがつかないことになることがあるため，家庭環境・保育環境に対して何らかの対応が必要となる。

2）構音障害

発音が正しくできない状態である。構音障害にはその原因ごとにいくつかに分けられるが，主要な３つの障害を紹介する。

① **器質性構音障害**：発語器官（顔面・唇・顎・舌・口蓋・咽頭）の形態異常（奇形や変形）や欠損によるものである。口唇裂・口蓋裂や顎変形症等の先天的なものと器官の切除等の後天的な原因によるものがある。

② **運動障害性構音障害**：自律機能をコントロールする脳幹またはそこにつながる神経線維の損傷等で障害がおこる，唇や舌等に麻痺が出て，呂律が回らない，声がかすれる等の特徴がある。耳で聞いて言葉を理解する能力・目で読んで理解する能力には問題はない。

③ **機能性構音障害**：原因を特定できないものが多く，小さい頃は，幼児語ととらえられることも多く，成長とともに消失，改善する例が多い。言葉

3） **内言語**：音声をともなわない思考等のための言語。

4） **語彙**：一定の範囲（国，地域，特定の集団等）に用いられる単語の集合を「語彙」という。

の理解が進み，周囲の状況が十分に理解にできるようになっても発音が改善しない場合，そのまま症状を保つことが多い。例として「おかあたん（おかあさん）」「おばあしゃん（おばあさん）」「だいおん（ライオン）」等がある。

3）吃 音

吃音は，２歳位の語彙が増え始める頃から起きることが多く，話し言葉が滑らかに出ない発話障害である。発話障害がおきても，しばらくして消失したり，また驚いた時に出たりすることがあるが，これは吃音とは呼ばない。半年以上症状が継続してみられると吃音という。具体的な吃音の症状を以下にあげる。

表8－1　具体的な吃音の症状

伸発：引き延ばし	ぼーーし，ぼーーーくね
連発：音の繰り返し	ぼっぼ，ぼうし，か，か，からす
難発・ブロック：間が空く	ぼ……ぼうし，……ぼくね

さらに吃音は，発達性吃音と獲得性吃音がある。吃音の多くは発達性吃音であり，幼児期に起きやすい。

発達性吃音の特徴としては以下である[5]。

① 幼児が２語文以上の複雑な発話を開始する時期に起きやすい。

② 幼児期（２～５歳）に発症する場合がほとんどである（小学校以降に発症することもある）。

③ 発症率（吃音になる確率）は，幼児期で８％前後である。

④ 発症率に国や言語による差はほとんどない。

⑤ 有病率（ある時点で吃音のある人の割合）は，全人口において0.8％前後である。男性に多く，その男女比は２～４：１程度である（年齢や調査により結果は変動）。

⑥ 体質的要因（吃音になりやすい体質的な特徴），発達的要因（身体・認知・言語・情緒が爆発的に発達する時期の影響），環境要因（周囲の人との関係や生活上の出来事）の３つが影響し合って発症するとされているが，吃音の原因については，まだ定説とされるものはない。

獲得性吃音は，神経学的疾患や脳損傷等の原因により発症する獲得性神経原性吃音と心的なストレスや外傷体験[6]が原因による獲得性心因性吃音があ

5）国立障害者リハビリテーションセンター研究所感覚機能系障害研究部，www.rehab.go.jp/ri/kankaku/kituon/
　森浩一「小児発達性吃音の病態研究と介入の最近の進歩」小児保健研究，第77巻第1号，2018.

6）**外傷体験**：災害や事故等により心理的に強いダメージを受ける体験。後遺性が発症することも多い。

る。発症時期は青年期以降とされている。

　言語障害は，日常的な生活の中で常に子どもが積極的に周囲に働き掛けようとするたびに，子ども自身がその障害と向き合うことになる。特に周りから言葉が違う，発声が違う等の指摘を受け，子ども本人が他者との違いに気付いていくことにより，周囲とのかかわりについて消極的になってしまうことは想像できるだろう。次に吃音の進展について考えてみる（表8－2）。

表8－2　吃音の進展

段　階	状　　態
第1段階	始まって間のない吃音は，主として力まない吃（ども）り方である。「タ，タ，タ，タマゴ」「タターマゴ」といったように，軽い音の繰り返しや引き伸ばしで，話すときにあまり力が入っていない。話すことへの不安や恐れはないし，フラストレーションを感じている様子はなく，話すときに意識はしていない。
第2段階	音の繰り返しや，ことばの引き伸ばしが徐々に変化してくる。「タ，タ，タ，タマゴ」と言っていたのが，「タ……，タ・ターマーゴー」といったような言い方に変化する。この頃から，話すときに少し意識するようになる。
第3段階	ことばがつまり，いわゆる難発[7]の状態になり，発語に際して緊張が生まれ，それが表情や身体にあらわれる。首を振る，手を振る，体を動かすなどの随伴運動が生じる。心理面では欲求不満が起こり，吃るのではないかという予期不安[8]が起こってくる。
第4段階	難発の状態が一層激しくなり，ことばが出ない間隔が長くなり，頻度も多くなる。心理面では予期不安が一層大きくなり，恐怖が生じる。話すことを避ける回避行動もあらわれ，コミュニケーションに大きな障害となる。吃るかもしれないという不安と恐れで，話す場面に出ていけなくなる。そして，ますます不安や恐れが大きくなり，吃らずに話そうとすればするほど吃ってしまう悪循環に陥る。

出典）日本吃音臨床研究会「吃音の原因について」（https://kituonkenkyu.org/0002_001_02.html）

7）　**難発**：言葉を発するのが困難な状態。

8）　**予期不安**：過去の吃音体験の再発への不安。

　こうした思いを当事者が感じて苦しんでいるということを理解しておく必要があるだろう。言語障害はその状況から安易に推測して対応するべきものではない。図8－1にあるように，どの段階で困難が生じているのかまず理解する必要がある。教育者・保育者は医師，言語聴覚士，相談支援専門員，また，児童発達支援センター等の専門機関と十分に対応を協議していく必要がある。

（4）言語障害について考える

　言語障害は，障害の程度と内容によるが療育が可能な障害と困難な障害に分かれる。そしてその診断は，十分な知識と経験のある医師に委ねられる。言語障害を考える指標としてチャールズ　ヴァン　ライパーの吃音方程式[9]がある

9）　日本吃音臨床研究会「チャールズ・ヴァン・ライパーの吃音方程式」https://kituonkenkyu.org/0002_001_04.html.

$$吃音の重症度＝\frac{(P・F・A・G・H)+(Sf・Wf)+Cs}{M+F1}$$

分子

P：Penalty・罰　　F：Frustration・欲求不満　　A：Anxiety・不安

G：Guilt・罪　　H：Hostility・敵意 攻撃心

Sf：Situational fear・場面に対する恐れ　　Wf：Word fear・語に対する恐れ

Cs：Communicative stress・話すことに対する心理的圧迫

分母

M：Morale・士気　　　F1：Fluency・流暢さ

のので，紹介する。

　罰（Penalty）としては，吃音による嫌な体験（あざけりや話すように強制させられ，吃音のために叱られること）を指す。欲求不満（Frustration）は，意見をためらう等である。不安（Anxiety）は，大事な場面で失敗しないか等と感じることである。罪（Guilt）は自分のことで母親が悲しむ姿等で，またそれは自分に向けられた敵意（Hostility）にもなる。それらは場面に対する恐れ（Situational fear）となり，話すことへの心理的圧迫（Communicative stress）が生じる。つまり吃ることで心へのストレスを指している。それに対して，分母は士気（Morale）の強さであり，心が場面への目的をもつことによって自信をもつことができた時を表している。たとえ他者がうまく話していないと感じていても，本人自身が満足した経験を積んでいくことを指している。前よりうまくなった，それなりにきちんと話せた等，肯定感を感じることである(Fluency)。

　この分母が小さくなった時，つまり分母を超えるストレスがかかっている時，言語障害という障害以外に，人前で話せなくなる，自身を傷つける，引きこもる等の問題が生じてくる。これを二次的な問題あるいは二次障害という。「できないこと」に焦点をあてることによる引き起こされる。支援する側や教育者・保育者は，こうした状況を常に回避するように心掛けないといけない。専門家に助言を求めると同時に，家族や周囲の人々との関係も調整していくことが重要である。

2. 言語障害の特徴を踏まえた教育・保育での支援

　障害についての認識は，当事者である本人と周囲が障害についてどのように理解し，とらえるのかによって変化していく。特に吃音の場合は，発現したときから，適切な対応が求められる。そこでここでは，その具体的な支援方法に

ついて考えてみることとする。

（1）言語障害のある子どもの気持ちを知る

　言語障害があるため，他者と同じようにできないことがある。言語障害のある子どもにとって自分だけができない，どうしていいのかわからない，否定された体験をした場合，どのような気持ちになるのだろうか。以下は吃音の事例である。

事例8−1　気持ちを想像する

　A児はとても元気な女の子である。活発で大きな池を作ったり，どろ遊びをしたり，毎日元気に遊びまわっている。大きなケーキを作り「み，み，みて，みてー」と保育者を呼ぶ。4歳になった4月に新しい仲間が増えた。男の子2人と女の子である。A児が最初に声を掛け仲間に入れて遊び始めた。すぐに仲良くなってみんなが慣れた頃のことである。「Aちゃんって話し方が変」「おもしれー」とからかわれてしまった。そんなことが何度か続くと，A児の「みてー」の声が聞こえなくなった。今日は調子が悪いのかな，と思っていたが，その日からA児の定位置は，お部屋の端っこになっていた。

　気付いた保育者が何度か話し掛けたが……。周りの子どもも話し方がおかしいことに気付き始めた。話し方の違いが分かるようである。

　事例のA児の気持ちになることは，大変難しいことである。おそらく分かりきれないだろう。ただし想像することは可能である。より多くの場面から，できるだけたくさんの視点で感じ，推測する必要がある。

　こうした障害は子育ての方法に原因があるわけではなく，保護者に問題があるわけでもない。なのに問題を作ったのが保護者であるかのように話すことは控えるべきである。当然子どもにも罪はなく，保護者は子どもの障害を受容することに困難を感じ，自分をあるいは子どもを責めることがある。

1）対応を探るための留意点

　環境との相互作用：ソーシャルワークにおいて人の関係性を表す考え方に，相互作用[10]，交互作用[11] というものがある。言語障害（その他の障害も含めてであるが）は対人関係等，人を含めた環境との関係性の中で悪化する場合がある。人的環境の中の関係から指摘されたり，周りの人間関係から，否定的な態度や扱いを受けたり等，影響は様々である。教育者・保育者は，障害の特性を理解し，子どもの多様な教育・保育のニーズを保障するため，環境を整える必要がある。

　見逃されやすい：言語障害は見た目では判断ができない障害なので，寡黙な

10）　**相互作用**：1対1でのやり取りの関係を指す。A↔B

11）　**交互作用**：相互の関係が複数の場合を指す。この関係は同時期でなくてもよい。

子，おとなしい子で終わってしまう。当事者である子どもが今どう感じているのか伝わりづらい。劣等感や欲求不満等の情緒面への影響をとらえる必要がある。また難聴等は周囲が気付くのが遅くなると障害を固定化する恐れがある。

　医療・福祉との連携：口蓋裂・難聴等による言語障害の状態把握及び判断は，医療・福祉との連携を欠くことができない。教育者・保育者は，障害のある子どもへの総合的な支援のため医療関係従事者[12]や医療ソーシャルワーカー（medical social worker：MSW），相談専門支援員[13]と関係性を築き，密接な連携を心掛ける必要がある。

　発達と成長を中心に考える：子どもの状態は，体と心の成長や発達と共に常に変化していくことを前提に考える必要がある。また障害への適切な対応は，子どもの成長と発達を保障するものであることを忘れてはならない。

2）日常生活の配慮・支援

　言語障害のある子どもは，自身で発した言葉に対する周囲の反応により傷つき，心を閉ざすこともある。また引け目を感じたり，話せなくなったり，人とのコミュニケーションを嫌ったり等，ネガティブな状態になることを防ぐためにも個々の状況に応じて対応する必要がある。

① 療育の実施の際には，特別な療育の実施を必要とすることが多いが，できるだけ通常の遊びの中で，言葉が出やすい遊びを中心に計画する。うまく言うことができた遊びを通して成功体験を積むことが望ましい。子どもがイヤイヤながらでは，長続きは難しく，多くの効果を期待できなくなるからである。

② 言語障害のある子どもの情緒を安定させたり，日常的に使える言葉を増やしていくために，子どもの気持ちに配慮した言葉掛けが必要となる。また見落としがちになるのは，その子どもの成長と発達に周囲の状況や環境を合わせるということである。障害が心配なあまり子どもに無理をさせていないか，を常に検証し，子どもの障害特性に十分に配慮した支援が必要である。

③ 子どもが獲得した言葉は日常的に，使える言葉にする必要がある。そのためには子どもが進んで会話を楽しむ人間関係が必要である。またその関係そのものが学習の場となる。日常的にストレスなく話せる人間関係を意識的に作っていく必要がある。

3）症状に応じた対応

　言語障害は，他者と十分なコミュニケーションを取りづらくする。取りづら

12) **医療関係従事者**：医師，看護師，理学療法士（physical therapist：PT），作業療法士（occupational therapist：OT），言語聴覚士（speech-language-hearing therapist：ST）等を指す。

13) **相談専門支援員**：障害児（者）の障害認定後2年に一度，サービス等利用計画を作成する資格者。

さを本人が自覚あるいは周囲が指摘すると，二次的に心理的な問題が生じてくる。教育者・保育者は，同じ障害名であっても，子ども一人一人によって個々に状況が違うことを理解する必要がある。対応方法の原則的なものをいくつか紹介する。

① 言語発達の遅れのある子どもは，自分の思っていることを的確な言葉に変換して発することが難しく，教育者・保育者の言葉の理解も進まないことがある。コミュニケーションがうまくいかない場合は，文字や絵，カード，写真等を用いて，丁寧に対応する必要がある。

② 構音障害の場合，話し言葉の把握が難しい場合がある。教育者・保育者は前後の話や状況から推測する等，子どもが何を話したいのか理解していく必要がある。場合によっては，簡単な絵やイラスト等を使用することも有効な方法となる。子どもの言葉の使用が間違っている場合には，否定的な対応は控え，「次は〜と言ってみようね」等，肯定的な表現にする。

③ 吃音障害は言葉を発することに心理的な負担を感じていることが多く，緊張等によって余計に言葉が出にくくなる。無理なく言葉が出るまでゆっくりと待つ。

症状別に対応を記したが，あくまでもその対応は子どもの意志を尊重した上で個々の状況に応じた対応が必要となる。支援する側・保育をする側はそのことを十分に理解し，また様々な職種の医療・福祉関係従事者や専門機関と連携し，チームをつくって対応を協議していくことが望ましい。

演習課題

課題1：事例8−1を読み，A児の言語障害のことを子どもたちにどのように説明したらいいのだろう。みんなで考えてみよう。

課題2：言語障害の症例を調べてみよう。どのようなものがあり，発症時期，対応方法について調べてみよう。

課題3：朝起きてから，あるいは休日のイベントを一つ，紙に書き出す。
　　　　① 言葉を使わずに，伝えてみよう。
　　　　② 単語（名詞と動詞）だけで，伝えてみよう。
　　　伝える側の気持ちと受け取る側の気持ちを話し合ってみよう。

┌ コラム　コミュニケーションの手段はいろいろある ┐

　言語障害や聴覚障害へ対応したコミュニケーションの手段は多数ある。例えば，手話・要約筆記・点字・音訳等である。そして聴覚障害の人が使うものに手話がある。手と指の動きや形態（位置，形，組み合わせ，方向，速度等）に加えて，顔の表情や身体の動き等から，意思を伝える独自の言語といわれている。手話はなかなか難しいので，慣れない人は口で話しながらの方が，相手が理解できるといわれることもある。

　この手話には，いくつかの種類がある。日本語対応の手話として，日本手話（日本語とは異なる音韻体系や文法体系），日本語対応手話（日本語を母語として扱う中途失聴者にとっては，日本語対応手話の方が理解しやすい），同時法的手話，中間型手話がある。更に日本国内でも地域差があり，男女の違い，世代の違いもある。この他にもホームサイン，指文字（日本語の五十音に対応した手指記号），キュードスピーチ（母音を口型で，子音部分を手指の動きや位置で表し，口型と手指を組み合わせて日本語を表現する）がある。世界に目を向けると各国に独自の手話があり，世界共通の国際手話もある。また精神の発達に遅れのある人の対話のために英国で考案されたマカトンサイン，マカトン法というものもある。

第9章 支援計画の作成と記録及び評価

　障害のある子どもの支援計画は主に3つあり，就学から学校卒業までを見通した各種学校における個別の教育支援計画と，就学前施設（幼稚園，保育所，認定こども園をいう）における個別の保育支援計画，そして，児童発達支援センターにおける個別の福祉支援計画がある。

　これらの支援計画は，各種学校，幼稚園，保育所，認定こども園，児童発達支援センター等が，学習指導要領，幼稚園教育要領，保育所保育指針，幼保連携型認定こども園教育・保育要領，児童発達支援ガイドライン等において，子ども一人一人の障害の状態・発達の状態に応じたきめ細かな指導を行うように，指導目標・内容・方法等を具体的に示したものである。本章では，各計画の作成と記録及び評価について学習する。

1．障害のある子どもの個別の支援計画（短期・長期）

　障害のある子どもの支援は，乳幼児期から青年期と幅広く，そのライフステージにあわせたかかわり（図9－1）が重要になってくる。ここでは，障害のある子どもたちとその家庭に対して，切れ目のない支援を行うための個別の支援計画についての内容と作成の方法について学ぶ。

（1）障害のある子どもの個別の支援計画とは

　様々な支援を必要とする子どもたちに対して，学校，幼稚園，保育所，認定こども園，児童発達支援センター等では，各種の計画を立て教育・保育・療育を進めている。

　これらの支援計画は，実施している教育・保育・福祉等の関係機関，都道府県及び市町村においての統一された書式はない。ここでは，各関係機関で行われている以下の3つの基本的な個別の支援計画を紹介する。

　個別の教育支援計画：主に小学校・中学校・高等学校・特別支援学校に通学している障害のある児童生徒にかかわる教育・保育・福祉等の支援機関の専門職や関係者が，子どもの障害の状態等にかかわる情報を共有化し，教育的支援

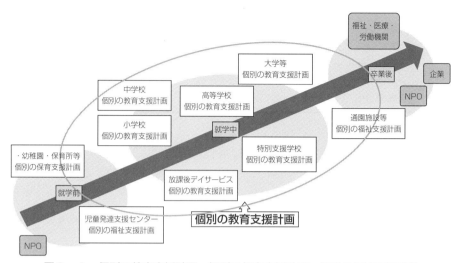

図9－1　個別の教育支援計画・個別の保育支援計画・個別の福祉支援計画
―ライフステージにあわせたかかわり―

出典）国立特殊教育総合研究所『「個別の教育支援計画」の策定に関する実際的研究』2006，p.17をもとに
筆者作成

の目標や内容について共有し，専門職や関係者の役割分担等について計画を講
ずるものである。

　個別の保育支援計画：幼稚園・保育所・幼保連携型認定こども園において，
特別な配慮を必要とする子どもに対して，子ども一人一人の発達や障害の状況
を踏まえ，集団生活を行いながら成長・発達を促すために，支援内容や支援方
法を計画していくことが示されている。

　個別の福祉支援計画：主に児童発達支援センター等の児童福祉施設におい
て，障害のある子どもに対して，乳幼児から青年期まで切れ目のない支援を行
うために，個別の支援計画を策定する。その内容は，子どもの日常生活におけ
る基本的動作の指導，知識技能の付与，集団生活への適応訓練等になっている。

（2）障害のある子どもの個別の支援計画作成の意義

　個別の支援計画作成の意義は，大きく3つに分けられる。

　1点目は，子どもに対しての理解が深まること。このことにより，子どもの
目指す目的・ニーズが明らかにとなり，一人一人の発達や障害に合わせた支
援・指導が可能になる。

　2点目は，自分自身の専門性の向上につながること。個別の支援計画を作成
することにより，効果的な教育・保育・療育を行うことを意識することにな
る。

　最後に3点目として，支援の共有化が図れること。学年・クラス等の担当者

や関係者との情報の共有が図れ，一貫した支援が図れる。また，支援の評価が行え，子どもの状態に合わせた改善が可能になる。

（3）障害のある子どもの個別の支援計画の作成の流れ

　様々な支援を必要とする子どもたちに対して，学校・幼稚園・保育所・認定こども園・児童発達支援センター等では，各種の支援計画を立て教育・保育・療育を進めている。

　各支援計画の作成について共通している流れは，①　事前調査→②　計画の作成と確認（Plan）→③　計画の実行（Do）→④　計画の評価（Check）→⑤　計画の修正（Act）となる。②から⑤は，PDCAサイクル[1]に基づいた計画の作成になっている。

1）事前調査

　計画を立てる前に子どもと子どもを取り巻く現状を把握（フェイスシート[2]を記述・作成）することになる。その項目内容は以下の通りである。

①　障害の診断：医療機関で明らかになった症状のほか，所属機関で子どもの行動や特徴から推察できる障害の傾向を記述する。

②　関係機関とのかかわり：子どもがかかわっている医療機関や療育機関等を聴き取り記述する。

③　成育歴：妊娠期から現在までの発達状況等について，保護者から聴き取り記述する。子どもの発達の歴史が分かることにより，支援の手掛かりになる。

④　現在の子どもの姿：言葉・動作運動・社会性・健康状態・身辺自立について，現在の子どもの様子を記述する。

⑤　保護者のニーズ：保護者のニーズを聴き取り記述する。保護者のニーズと子どもの現状を正確に把握することは効果のある支援につながる。

⑥　家庭環境：主として子どもにかかわる保護者のほかに，子どもの家族構成を把握することで支援の内容が深まる。また，主としてかかわる保護者が困難に直面した際に家族構成を把握していることにより，親族（祖父母・父母のきょうだい等）からの保護者への助言や援助が期待でき，子どもへの多様性のある支援を行うことができる。

2）計画の作成と確認（Plan）

　支援計画は，子どもの現状を把握した上で，子どもの強みを伸ばすこと，子どもの気になることの改善を図ることを視点の中心にすえて，立てていく。

1）　**PDCAサイクル**：1950年代，品質管理の父といわれるエドワーズ　デミングが提唱した，Plan→Do→Check→Act（計画→実行→評価→改善）というサイクルから様々な活動を管理する枠組みのこと。福祉の分野でも使われている。

2）　**フェイスシート**：教育・保育・福祉分野等で相談援助や支援を行うために，利用者の「氏名」「年齢」「性別」「家族構成」「健康状態」「利用する目的」等の必要な基本情報をまとめたシートのこと。

　具体的には「事前調査」で作成したフェイスシートを使って計画を立て，その計画に対して，他の職員に意見・助言を求め計画の調整・確認と共有を行う。

　計画書で記述する必要項目は以下の通りである。

　対象児氏名，保護者名，計画策定者氏名，策定日，障害の状況，障害者手帳の有無，支援目標（長期・短期），子ども及び保護者の希望，支援項目，保護者の同意署名等になる。

3）計画の実行「具体的支援」（Do）

　計画の実行にあたっては，主に支援目標，支援項目の内容に基づいて実施することから，その記述は，支援者・施設の視点から記述することになる。さらに計画を実行するための計画内容の進行（流れ）を見通した配慮事項を加える。

4）計画の評価「行われた支援の評価検討」（Check）

　計画書に記載した支援目標の達成の有無について，達成…○・継続…△・再検討…×の3つの視点から評価を行う。その評価は，担当職員のほか，複数の職員と検討会・委員会等を開催し，実施された支援の評価検討を行う。目標が達成困難だった場合には具体的な原因を特定する。

5）計画の修正（Act）

　「計画の評価」で複数の職員と行った評価に沿って，計画の再検討を経て，修正を行う。また，具体的に，何がうまくいかなかったのか。どのようにして達成できたのか等を記述することにより，計画の修正や再検討の手掛かりになる。

　なお，これらの計画を作成する者は，クラス担任ほか，児童発達支援センター等においては，児童発達支援管理者[3] が行っている場合がある。

（4）障害のある子どもの個別の支援計画の作成の実際

　ここでは，実際に行われている一般的な個別の教育支援計画・保育支援計画・福祉支援計画を示して作成のポイントを解説する。図9−2・3・4における各支援計画の解説（コメント吹き出し）は，重なる箇所を割愛している。

　また，これらの支援計画には，前述のとおり決まった様式はないので，各自で必要となる項目を検討して作成する。

3）　**児童発達支援管理者**：障害児を療育する施設（児童発達支援センター等）や事業（放課後デイサービス）において，その専門性を活かして療育のための訓練や学習計画を作成する職種のこと。

個別の教育支援計画（特別支援学校）

策定者氏名	○○○　○○			策定日	○○○○年　○月○○日
（フリガナ）	…　　…		性別	生年月日	○○○○年　○月○○日生
児童名	△△　△△		男・女	学年	幼・小・中・高　（３年）
障害等の状況	・知的障害（軽度）　　　　・身辺自立は，見守り ・言葉の発達にやや遅れがある ・多動傾向			障害者手帳	療育手帳あり ○度　（○○年○月交付）
住所	〒○○○　○○○○○○○○○○○○○			連絡先	（○○○）○○○○
保護者名	△△　△△△			緊急連絡先	（○○○）○○○○
在籍校	○○○○○○			連絡先	（○○○）○○○○
関連校	○○○○○○			連絡先	（○○○）○○○○
成育歴	出生時の様子　正常分娩　・　その他（　　　　　　）　出生時の体重（　2800　）グラム 首の座り（６か月）　つかまり立ち（１歳）　歩き始め（２歳） 発語（２歳３か月） 障害に気付いた時期（　１歳　　　６か月） 気付いた時の様子：発語の時期が同世代の子どもと違い遅れていたので，おかしいと感じた。				
アレルギー・てんかん・医療的ケア等	アレルギー：食物アレルギーあり（小麦−重・乳製品−軽）→エピペン携帯 てんかん：なし 医療的ケア：ぜんそくの発作をまれに起こす その他の配慮：なし				

個人情報であるため，保護者了解のもと記入を行う。

本児及び保護者の希望・要望

・言葉の発達に遅れがあるので，友人関係に影響がないか心配である。友人関係をスムーズに行えるようになってほしい。
・現在は，衝動的に飛び出さないが，ふらっと席を離れてどこかに行ってしまうので落ち着いて席に座ってほしい。
・中学校でも普通級に通わせたいと願っている。

担当者が本児・保護者から面談等で聴き取ったニーズと本児の状態から判断した上で目標を設定する。

支援の目標

・友人関係を活発にする。
・いろいろな人と言葉のやり取りをしながら，会話を楽しむ。
・動と静を意識して，活動を行う。

希望について変更がある場合は相談を随時行うこと。現在の支援機関・支援内容については，年度終わりに面談等で決める。

在籍校での支援内容	支援内容の評価
・友人を意識した授業や活動を行う。→言葉掛けや配慮を行う。 ・授業・活動の際に，本児からの発言を促す（本児の負担にならないように）。 ・授業や活動の前後に，教員からの話を聴く場を作る（意識して聴く態勢を作らせる）。	（１年目・２年目・３年目）

支援内容に対応した具体的な内容を記入する。

支援内容の評価は，毎年度末の３月が望ましい。また，期間は３年を基本としている。

連携する関係機関等での支援の内容

家庭	地域生活	余暇活動	医療関係	その他
1．支援機関 △△△△	1．支援機関 NPO 法人○○○	1．支援機関 ○○放課後等デイサービス	1．支援機関 ○○医院	1．支援機関 ○○児童発達支援センター
2．支援内容 両親が就労をしているため，連絡がつかない際の対応	2．支援内容 障害のある人の親子・きょうだいの会への参加 土日に開催している。	2．支援内容 放課後と夏休みの余暇活動と学習サポート	2．支援内容 アレルギーとぜんそくの対応	2．支援内容 保育所の時からお世話になってる療育機関 本児担当者　○○　○○先生
対応時期　　　随時 該当機関連絡先 （○○○）○○○○	対応時期　　　随時 該当機関連絡先 （○○○）○○○○	対応時期　　　随時 該当機関連絡先 （○○○）○○○○	対応時期　随時・直ちに 該当機関連絡先 （○○○）○○○○	対応時期　　　随時 該当機関連絡先 （○○○）○○○○

関係機関との支援内容の協議は，既存の機関との調整をクラス担当者が中心となって行う。

上記の個別の教育支援計画に同意いたします。

　　　○○○○年　○月　○○日　　保護者氏名　　△△　△△△　　　　　印

図９−２　個別の教育支援計画の記入例

個別の保育支援計画（保育所）

作成日	○○○○年○年○○日

作成者	○○　○○○

名前・性別	△△　△△（女）	生年月日	○○○○年　○月　○○日生	所属（クラス）	うさぎ組（年少）

発達の全体像（障害の診断含む）	全体的な発達段階は1歳児後半の発達であろう。母親への後追いや依存が強い。他児に対する関心も弱く，ひとり遊びが多い。言葉もあまり発せず，意思表示はジェスチャーや声で示すことが多い。食事についても偏食が多く，自宅でも同じものを食べ続けるとのこと。排泄に関しては，完全には自立していないため，自宅では紙おむつをしているとのこと。	保護者の障害に対する認知（手帳の有無を含む）	発達健診（1歳6か月，3歳児）で知的に発達の遅れがあると指摘された。母親はあまり納得をしていないようである。 障害認知→やや薄い 手帳交付→なし
本児とご家族の要望	・年齢にあわせた友だちとのかかわりを望んでいる。 ・言葉でのやり取りで意思疎通を図りたい。 ・生活習慣（特に排泄）に関して，自立をしてほしい。	家族構成及び本児との関係性	父：会社員　積極的に本児の対応をする。 母：パート　本児対応の主となる。 姉：小学校2年生，本児の世話をしてくれる。妹思いな印象である。
全体の指導方針	・担当職員や友だちとの信頼関係を構築する。 ・遊びや活動を通して，言葉を使う楽しさを感じさせる。 ・排泄の自立も本児の負担にならないように，スモールステップから行う。		
長期目標	・いろいろな友だちと積極的にかかわれるようになる。 ・言葉を使って意思を伝えられるようにする。	短期目標	・自分のできることを自信をもって行うようになる。 ・遊びや活動を通じて友だちと過ごす楽しさを共有する。

	現状	目標	支援内容	評価
生活習慣	・食事の偏食がみられる。野菜はほとんど何も食べない。 ・排泄もうまくいかずに失敗してしまう。	・いろいろな食材の味を知る。 ・トイレのタイミングを知らせる。	・食事の時間を楽しい時間にする。無理に食べさせようとせず，一口でも食べられたら，しっかりほめる。 ・トイレのタイミングを促す。	達成 継続 再検討
遊び	・砂遊び，水遊びが好きで時間を気にせず遊んでいる。 ・室内では，積み木遊びが好きな様子。	・様々な遊びの中から人とのかかわりを多く持つようにする。 ・友だちと遊びを楽しむ。	・遊びの中に友だちと楽しくかかわれるようにスキンシップがとれるような歌，リズム遊び等を多く取り入れる。	達成 継続 再検討
人間関係	・登園時に母親の後追いがみられる。しばらくすると落ち着いて遊びに入る。友だち関係については進んで輪の中に入らないが，他児の遊びに関心を持つようになってきた。	・スムーズに母親から離れられるようにする。 ・友だちと楽しく安心できるかかわりを促す。	・母親とお別れの際にしっかりとスキンシップを取り，納得してお別れするようにする。 ・職員が間に入り子どもたちの関係を築くようにする。	達成 継続 再検討
言葉	・要求やコミュニケーションは，ジェスチャーや声で示すことができる。 ・話したい意思がみられるが言葉を使うことが億劫な状態も見受けられる。	・自分の伝えたい気持ちを少しづつ出していく。 ・いろいろな動物・事象に興味を持てるようにする。	・遊びや活動を通して，友だちと一緒に自分の気持ちを出すように促す。 ・言語教材を用いて，言葉や気持ちを伝える楽しさを育む。	達成 継続 再検討
身体・運動	・母親にずっと抱っこをせがんでいたためか，歩行も頼りない。体力的にも疲れやすい傾向がみられる。 ・音楽にあわせて身体を動かすことは楽しいようである。	・お散歩や園庭での遊びを積極的に楽しむ ・音楽やリズムに合わせて身体を楽しく動かす。	・自ら歩いたり走ったりできるような遊びや活動を取り入れる。 ・リズムや音楽教材を用いて，身体を動かす楽しさを育む。	達成 継続 再検討
その他特記事項	アレルギー：食物アレルギーあり（小麦–重・乳製品–軽）→エピペン携帯 てんかん：なし 医療的ケア：ぜんそくの発作をまれに起こす。 その他の配慮：なし 両親が忙しいと祖母がお迎えに来る時がある。お名前△△　△△△　連絡先（○○○）○○○○			

側注：
- ここでの支援方針は，長期的（1年）な視野で本児の全体を意識した課題解決の方針にする。主語は担当者になる。
- 1年間の本児の長所を伸ばすものと課題解決を行うものを目的に設定する。主語は本児になる。
- 現在の園での生活の姿を項目ごとに記入する。
- 1～3か月の期間での本児の長所を伸ばすものと課題解決を行うものを目的に設定する。具体的な遊びや活動，行動を記入する。主語は本児になる。
- 項目ごとの「現状」から考えて，本児の長所を伸ばすものと課題解決を行うものを目的に設定する。主語は本児になる。
- 項目ごとの「目標」を達成するために，必要な支援を具体的に記入する。主語は担当者になる。

図9－3　個別の保育支援計画の記入例

個別の福祉支援計画（児童発達支援センター）

作成日 ○○○○年○月○○日

作成者 ○○　○○○

児童名	△△　△△	生年月日	○○○○年　○月　○○日生	入園日	○○○○年　○月　○○日

障害等の状況	・知的障害があることがうかがえる。言葉の遅れ，身体の動きの未熟さ有り。友だちへの関心が薄い。	保護者の障害に対する認知（手帳の有無を含む）	1歳6か月健診で知的障害の可能性があると指摘された。そこから児童発達支援センターで様子を見ることにしたとのこと。手帳交付→なし

本児の希望及び保護者の要望	○○学園の子どもたちや大人たちと多くかかわり，様々な体験を通じて，楽しく活動する。
長期計画（1年）	○○学園の生活（日課，友だち，活動）に慣れ，療育者と一緒に様々な体験に挑戦する。
短期計画（3か月～6か月）	○○学園での活動を通じて，好きな遊びや好きな過ごし方を見つける。
支援方針（総合）	・本児が療育者に対して信頼関係と安心感を持てるように，接し方（声掛けや動作）に気を配るようにする。 ・遊びや活動を通じて，友だちや療育者とのかかわりの中から，自己を表現する楽しさを支援する。

	支援の目標（達成目標）	支援の内容（内容・配慮事項・留意点）	支援期間	評価
発達支援 生活習慣・健康	・自分でできることを，時間をかけても最後まで行う。	・ADLについて，本児のできることをしっかりと見極める。	○年○月～○年○月まで（3か月）	達成 継続 再検討
発達支援 運動・感覚	・身体を使って，いろいろな動きに挑戦する。	・リズムや音楽を使って，身体を動かすことを楽しむ。 ・室内で，マット，跳び箱，縄，トンネル等を使い，身体を動かす。	○年○月～○年○月まで（6か月）	達成 継続 再検討
発達支援 認知・行動	・友だちや療育者のお話や行動を理解する。	・友だちや療育者のお話や行動の意味等を丁寧に説明する。	○年○月～○年○月まで（6か月）	達成 継続 再検討
発達支援 言葉・コミュニケーション	・友だちや療育者に，自分の気持ちを発声やジェスチャー等を使って伝える。	・本児の意図を理解し，友だちに理解してもらう表現方法を本児と模索する。 ・コミュニケーションツールの作成を行う（写真・絵・カード等）。	○年○月～○年○月まで（6か月）	達成 継続 再検討
発達支援 人間関係・社会性	・友だちや療育者と一緒に楽しめる遊びや活動を見つける。	・本児の動作や行動から本児の気持ちや意図を友だちに説明する。また，友だちの気持ちを代弁し本児に伝える。 ・友だちと楽しい時間を過ごす体験を多くする。	○年○月～○年○月まで（6か月）	達成 継続 再検討
家庭支援	・保護者や家族が，本児の発達や行動を理解できるように，助言・支援を行う。	・本児童発達支援センターの日課や活動，本児の様子等を保護者面談の時間を設け，しっかり伝える。また，本児の家庭での様子を聴き取り，情報交換を行う。→連絡帳の活用	○年○月～○年○月まで（1年）	達成 継続 再検討
地域支援	・本児の成長を踏まえ，年齢にあった支援の在り方を構築する必要がある。	・小学校・中学校・高等学校への進学とその時の家庭支援を念頭に置き，地域の関係機関の情報提供を行う。	随時	達成 継続 再検討
移行支援		・現在，本児童発達支援センターに通所し始めたので，保育所等への移行支援は，未定となる。 ・将来的に必要になるので，情報提供等を行う。	現在未定	達成 継続 再検討

家庭支援では，家族からの相談に対する助言，本児とのかかわりの支援について記入する。

地域支援では，関係機関との支援体制の構築等を記入する。

移行先の就学前施設，学校，児童福祉施設等との支援体制の構築，移行する際に必要になる支援内容について記入する。

図9-4　個別の福祉支援計画の記入例

2．特別支援教育・障害児保育の記録と評価

　特別支援教育や障害児保育を行っている機関に通う子どもたちは，元気いっぱいに学び・生活を送ることを誰しもが期待している。そのために必要なのが，障害のある子どもの個別の支援計画であり，内容と作成の方法を本章第1節で学習してきた。ここでは，障害のある子どもの支援のための記録と評価，評価の観点事項及び各計画の見直し，個人情報の管理について学習する。

（1）障害のある子どもの支援における記録と評価

　障害のある子どもの個別の支援計画は，子ども一人一人に対するきめ細やかな支援を，組織的・継続的かつ計画的に行うために重要な役割を担っている。そのために必要な過程（図9-5）があり，子どもの姿を把握・記録することが大切となる。さらに，その記録から職員同士が検討を行い，子どもの姿を共有し，計画の評価を行うことで，子どもの真の姿や新しい気付きにつながり，再び計画を練り上げ，子どもの自己実現を後押しする過程となる。

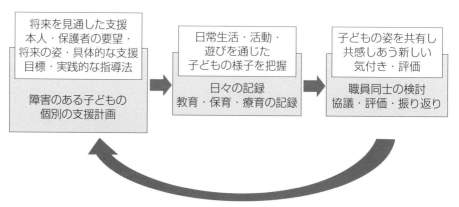

図9-5　障害のある子どもの個別の支援計画の記録と評価の関係過程

出典）松井剛太編集『保育士等キャリアアップ研修テキスト3　障害児保育』中央法規，2018，p.75 を参考に筆者が作成

（2）評価の観点事項，及び各計画の見直し

　評価の観点事項としては，障害のある子ども一人一人のよい面や可能性等を把握し，子どもへの支援の改善に生かすようにする。その際，他の子どもとの比較や一定の基準に対する達成度を確認する意味ではないことに留意する。

　短期的（毎日・1〜3か月）な評価の観点としては，以下の3点である。

① 日頃の子どもの気持ちを理解したり，発達している姿・変容している姿を考察したりすることにより，子どもの一人一人の特徴を改めてとらえ直していく。

② 支援内容の見直しを行い，改善点・課題を明確にしていく。

③ 具体的な指導の手立てを検討し，環境の再構成を行い，支援内容を修正していく。

長期的（半期・1年）な評価の観点としては，以下の2点である。

① 支援の目標と支援の方法から実際に子どもの成長した姿を見取り，新たな目標や具体的な支援の方法・継続課題を明確にし，改善点を次学期への支援に反映する。

② 個別面談を行い，保護者と課題等の共有や支援等の要望を再度確認する。

また，評価を行った後に，各計画の見直しを行う必要が生じる場合がある。それは，障害のある子どもの個別の支援計画は，あくまでも障害のある子どもの支援に関する関係機関や職員間との連携のためのツールであり，作成すること自体が目的ではないからである。そのため，支援の実施状況については，職員会議や事例検討会等において定期的に見直しを図り，随時加筆・修正を行うことが大切になる。

（3）個人情報の管理

関係する支援機関等と情報交換を行う際には，本人・保護者（家族）の同意を得てから行う。作成された各支援計画の開示，保管については，本人・保護者の同意の上，原則として保護者と各支援施設及び関係する支援機関等に限られる。また保護者・各支援施設・関係する支援機関等は，保管に責任をもち，別の目的で個人情報が使用されることを防止する。さらに，知りえた情報を他人に漏らしてならない等の専門職及び職員としての倫理や守秘義務を順守することは当然のことである。

演習課題

課題1：障害のある子どもの個別の支援計画の重要性について話し合ってみよう。

課題2：子どもと保護者の希望と要望を聴き取る際に注意しなければならないことについて話し合ってみよう。

課題3：記録と評価を行うことの大切さについて考えてみよう。また，職員同士の検討会を開催する意義について話し合ってみよう。

コラム　専門職にインタビュー，―記録について―

　特別支援学校・保育所・児童発達支援センター勤務のそれぞれの専門職に記録についてのお話を伺うことができました。各現場での記録について，どのように感じているのでしょうか。

●特別支援学校15年勤務　男性

Ｑ１，勤務先ではどういった記録がありますか？

記録については，主に個別の教育支援計画と指導案（１日のプログラム），日々の日誌がある。

Ｑ２，記録を作成する上で，これから現場に立つ学生にアドバイスをお願いします。

うまくいっている時の状況をしっかり記録することが大事。なぜ，うまくいっているのかについてをしっかり振り返りを行うことで，うまくいかない状況の際のヒントになる。しっかりと記録を取る習慣を身に付けてほしいです。

●保育所５年勤務　現在３歳児担当　女性

　Ｑ１，勤務先ではどういった記録がありますか？

　現在勤務している保育所では，乳児クラスには児童票と個別記録（週）と連絡帳（毎日）があり，幼児クラスからは，児童票と個別記録（月ごと），児童要録（年長児のみ）があります。

　Ｑ２，記録を作成する上で，これから現場に立つ学生にアドバイスをお願いします。

　実習日誌の書き方をしっかりと覚えること。現場では，実習日誌のような記録はないが，書き方を習得することで書き方の基本は身に付けることができると思う。

●児童発達支援センター 10年勤務　女性

　Ｑ１，勤務先ではどういった記録がありますか？

　個別の福祉支援計画，指導案（１日のプログラム），日々の日誌（記録）があります。

　Ｑ２，記録を作成する上で，これから現場に立つ学生にアドバイスをお願いします。

　子どもの問題点を改善することも大切と思いますが，できるだけ，記録に記載される子どものよい部分をさらに伸ばすこと，さらに広げることに着目することが大切ではないかと思います。子どもとしっかりとかかわる大切さを学生時代に感じてほしいと思います。

　みなさんよりも先に現場に出ている専門職のお話は，いかがだったでしょうか。

　先輩方は，日々の活動や業務の中でしっかりと記録を取られています。学生時代に行えることは，しっかりと身に付けておきたいですね。

第10章 困難な状況をかかえる家族とその支援

　子どもを育てていると，様々な課題が出てくる。育てる人の価値観，保育観が現れ，とらえ方も多様である。本章では，障害のある子どもの保護者や家族が子どもの障害をどのようにとらえ，どのような状況の中で日々生活しているのか。また，教育者（小学校・中学校・高等学校・特別支援学校等の教諭をいう）・保育者（幼稚園教諭，保育士，保育教諭をいう）が障害のある子どもの家族の支援に，どのように取り組んだらよいかを考える。

1．障害のある子どもとその家族の支援

　障害といっても，身体障害，知的障害，発達障害等，様々な障害がある。健康な状態で生まれても，発達の過程で凸凹がみられ，育てにくさ等から障害が次第に明確になる場合が多くみられ，保護者にとっては戸惑い，受け入れがたい状況になることも多い。

（1）子どもの「障害を受容する」とは

　障害のある子どもの保護者になるということは，我が子の障害を受け入れ，様々な支援を受けながら家族で育てることである。生まれてきた我が子に障害があることを知った時，保護者にとっては障害の現実と向き合い，現状を受け入れることが大きな壁となって存在する。

　保護者として我が子に「障害があることを受け入れる（障害の受容）[1]」ことは，それまで，「障害」や「障害児・者」への認識や理解を示していたとしても，それは他人事として受け止めていたことであり，容易なことではない。突然襲う現実に，悲しみ，嘆き，混乱した状態になり，多くの予測不能なことが頭をよぎる。オロオロし，どうしてよいか悩み，状況を受け入れられない悲哀した日々であっても，子育てをしなくてはならないのである。ドローターは障害のある子どもの保護者の「障害の受容」の段階過程について，図10−1のように示している。

　障害という診断に，当初保護者は言葉で言い尽くせない辛さやショックに陥り，受け入れがたい状況に拒否や否認の態度を示す。その後，落ち着いてくる

1）　子どもに障害がある事実，障害の特性を受け入れることで，保護者の障害についての認識が徐々に変わっていく。

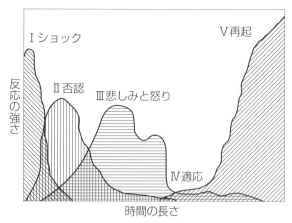

図10－1　障害受容の段階的過程

出典）Drotar, D., et al., The adaptation of parents to the birth of an infant with a congenital malformation :A hypothetical model, *Pe-diatrics*, 56（5）, 1975. pp. 710–717.

と今度は「なぜ自分の子に障害が……」「どうしてうちの子なのか」という悲しみと怒りを抱くようになる。そして，「発達が少し遅いだけかもしれない」「もう少しするとみんなと同じになるかもしれない」という思いと「障害があるかもしれない」という思いが交錯しながら，少しずつだが障害がある事実を実感していく。我が子に障害があるという日常の現実を受け入れることができるようになることが大きな課題となる。

　そして，障害のある我が子のありのままを受け入れ，子どもと共に歩んでいこうという気持ちに時間を掛けて変化していくことで，乗り越えられるようになる。しかし，幾度となく悲哀は繰り返される。我が子の障害を受容する道のりや掛かる時間はそれぞれであるが，少しずつ我が子の障害を受け入れ，子育てに向き合うことができるようになるのである。

（2）障害のある子どもの保護者になるということ

　障害は状態に変化はあっても，障害自体がなくなるわけではなく，治るものではない。しかし，障害を受け入れることができない保護者の中には，受け入れることができず子どもの存在自体を拒否してしまう場合が見られる。保護者が強い拒否感をもつ場合は，虐待につながる危険性が大きくなる。また，我が子の将来に悲観し親子心中や子殺し等の悲劇を招くこともある。障害のある我が子を受け入れるには，保護者は絶望や悲哀をともないながら，行きつ戻りつし，時間を掛け段階的に我が子の障害を受け入れていく。たとえ受け入れたとしても，中田[2]が述べるように，保護者の内面には障害を肯定する気持ちと否定する気持ちの両方の感情が常に存在していることを忘れてはならない。

2）　中田洋二郎「親の障害の認識と受容に関する考察−受容の段階説と慢性的悲哀−」早稲田心理学年報，第27号，1995．pp.83–92.

パール バックは障害のあるわが子を通し「今や，この暗い人生の一隅を照らす窓がついに開かれるときが来たのです。そして輝かしい光がこの子らの顔にも，またこの子らの両親の心の中にも差し込むようになったのです」[3]と自身の障害受容と障害のある子の保護者になる道のりを克明に著書に記している。

障害のある子どもの保護者になるということは，保護者として子どもの障害に向き合い，子どもの成長や発達を支えていく覚悟をもつことでもあり，生涯にわたって援助する者になることでもある。それは障害のある我が子の人生を導くことにもなるだろう。また，我が子の障害の受容とともに，その保護者となっていく自分自身の状況を受容することでもある。

（3）障害のある子どもとそのきょうだい

保護者に焦点を当てて述べたが，社会の最小単位である家族[4]は互いに支え合い，絆を深めていく。しかし，近年は少子化，核家族化により家族のかかわりが薄く，家族の機能も変容している。障害のある子どもをその一員として迎え生活をする上では，家族として乗り越えなければならない課題がある。その課題は，家族の成員が互いに成長する中でも変化していく。

子どもの障害が明らかになるにつれ，家族の間には変化が出てくる。例えば，子育て自体の困難さ，経済的な負担，時間的な余裕のなさ，近所，社会の人の目や偏見，祖父母や親戚との関係，保護者自身の相反する感情，きょうだいとのかかわり等，家族の中で様々なストレスや問題を抱える。

立石はウェブサイト上の自身のコラム「励ましの言葉は時に相手を傷つける。障害児の母として伝えたいこと」の中で「障害児がいる家族はその子を中心に家族のきずなが深まり，家族みんなで支えている，と思われてしまう。美化された家族が取り上げられるが，支えられない家族もいる。例えば，姑が『こんな子を産んで』と嫁を責めたり，配偶者を責めたり一家がバラバラになり夫婦間に深い溝ができてしまうこともある。普通の家庭にいざこざがあるように，障害児がいるとさらにその家族は大きな課題を抱えている」[5]と述べている。

また，家族と障害のある子どもとの関係を考える中で，きょうだい関係には大きな課題がある。障害のある子どものきょうだいは，きょうだいならではの特有の経験をしながら成長していくとされる。障害のある子どもが中心となってしまう家族の生活が，きょうだいの心理的，社会的発達を妨げてしまうことが指摘される。障害のある子どものきょうだいの成長・発達を保障するための家族支援も重要な課題といえる。

3）パール バック，伊藤隆二訳『母よ嘆くなかれ 新訳版』法政大学出版局，2013，p.14.

4）**家族**：家族とは，夫婦を中心とし，その子ども（きょうだい等）の血縁者を構成員とする，愛情と信頼の絆で結ばれた小集団である。
長田雅喜編『家族関係の社会心理学』福村出版，1987.

5）LITALICO 発達ナビ（立石美津子「励ましの言葉は時に相手を傷つける。障害児の母として伝えたいこと」），https://h-navi.jp/colum/article/35026298

　子どもは乳幼児期に保護者との愛着関係を築き，人への信頼関係を確立していく。しかし，保護者は障害のある子どもへの対応に追われ，きょうだいと密接にかかわる余裕がなくなることが多い。あるいは意識せずにきょうだいに世話をさせてしまったり，一人で頑張ることを強いてしまったりすることもある。また，小さい時から保護者が障害のある子どもの世話で大変なことを感じ，自分の寂しさや言いたいことを我慢してしまうことがある。自分を抑えて，保護者の期待に応えようとすることもある。さらに，保護者の気持ちや振る舞いを見て，自分に関心がないのではないかという悲しい思いや疑念を思い抱くこともある。きょうだいの成長過程においても，少なからずストレスがあり，障害のあるきょうだいを受け入れるためには時間を要する。

　障害のある子どもを育てることは，このように家族成員のストレスとなり負担となることが多い。しかし，否定的な面ばかりではなく，障害受容の過程で障害のとらえ方を転換し，障害のある子どもの家族が人間的に大きく成長することや家族のそれぞれの人生においてポジティブな経験になることも充分に考えられる。

（4）障害のある子どもの家族を支えるために

　障害のある子どもの家族の状況をみてきたが，障害のある子どもを育てる保護者や家族をどのように支援していったらよいのだろうか。次の2つの視点から述べる。

1）家族を理解する

　保護者が障害のある子どものいる現実を受け入れていくまでには，多くの時間を必要とし，様々な戸惑いや葛藤を経験している。特に乳幼児期には，一日中子どもと向き合い育児をすることは，障害のない子どもの育児に比べると様々な困難がある。子どもの障害特性によっても異なるが，目を離せない，昼夜逆転してしまう，睡眠が不安定で寝ない，食事や生活面の介助，通院や療育への移動等に気を遣い，負担が大きい。保護者は家事，きょうだいの世話，自身のこともままならず，精神的にも肉体的にも疲れ，時間的にも余裕のもてない生活が続き，見通しのない生活に疲弊してしまうことも少なくない。もちろんこれらのことは学童期以降も続くことである。

　教育者・保育者は日常の中にも様々な困難な状況があることを理解し，保護者の気持ち（辛さやどうしようもないやるせなさ等）に寄り添うことが大切である。しかし多くの悩みを抱えているだろうから，何か力になりたいと焦って個人的に繊細な内容を聞き出そうとすることは禁物である。家族の問題に関しては，他者に知られたくないこともあるので，保護者が聞いてほしい，話したい

という気持ちになるように互いに信頼関係を培うことを心掛けることが第一である。あくまでも保護者の話を自然体で受け止めて聴き，一緒に悩んだり，相談にのったりして気持ちに寄り添うことが大事である。単なる同情，保護者としてのあり方や思いを否定したり，むやみに指導しようとしたりすることには気を付けたい。

また，乳幼児期は障害のある子どもと母親の二人だけで過ごすことが多いため通常でもストレスを受けやすかったり，孤立感を抱きやすかったりする。日々の疲れをいやす場や時間も必要である。保育者が少しでも自分の時間をもてる，リラックスできるような場所を提案するとよい。また，国や地域の制度[6]を有効利用することにより，気持ちを切り替えたり，他の家族との交流にあてたりすることができる。母親が元気に前向きになっていくことで，家族も元気をとり戻していくだろう。

保護者に時間的，精神的な余裕がでてくると，きょうだいとのかかわりも安定してくる。家族の一員であり，保護者よりも長く付き合うであろうきょうだいに対して，障害のある子どもの特性や状態を説明し，保護者の状況や気持ちを伝えていくことが大切である。同時に障害のある子どもだけではなく，きょうだいにも愛情ある言葉を掛けたりや態度で接したりして，心理的に安心・安定することができるような配慮が必要である。

2）様々な支援者とともに

障害のある子どもの発達，成長を支えるためには，保護者や家族だけでなく，子どもに関わる様々な領域（医療・福祉・教育・保育等）の専門家による支援が必要になる。

また障害のある子どもだけでなくその保護者や家族にも同様の支えが必要になるだろう。例えばそれは障害のあることを受け入れる過程では，障害についての専門的な知識を分りやすく，保護者や家族に納得するまで説明してくれる医師になる。またその時々の気持ちに寄り添ってくれる人がキーパーソンとなることもある。例えば，同じ悩みをもち，一緒に考えてくれる保護者同士であったり，先輩の保護者であったり，療育機関の支援者，教育者・保育者，身近な地域の人の存在が考えられる。

保護者や家族のその時々の状況や立場によってかかわる人やかかわり方は変わってくるが，保護者や家族が辛さや様々な思いを話し，気持ちが落ち着き，意欲が湧いてくると，自分がこれからどのようにしたいのか，障害のある子どもの将来や自身の方向性が見通せるようになり，一歩ずつ前進できるのである。障害のある子にかかわる多様な人々の支援を受けることによって，子ども

6）子ども・子育て支援新制度等には一時預かり事業等がある。保護者の心身のリフレッシュにも利用可能である。

とともに家族も一緒に成長できるのである。

2. 学校や就学前施設での家族支援の実際

7）文部科学省『幼稚園教育要領』（第1章 第5），2017.
保育所保育指針（第1章 3（2）），幼保連携型認定こども園教育・保育要領（第1章 第2 3）にも同義の内容が記載されている。

　近年，ノーマライゼーション（p.12参照）やインクルージョン（p.14参照）の考え方が保育現場にも浸透しつつある。幼稚園教育要領等[7]においても，特別な支援を必要とする子どもの保育あるいは，子育て支援の充実が求められている。保育現場において，発達や行動に課題があると思われる子どもは増えている。教育者・保育者として障害のある子どもを支援する機会は多くなってくる。また，その保護者への子育て支援も同時に実践することになる。

　本節では，教育者・保育者による障害のある子どもの保育，また就学に向けた教育・保育現場の家族支援の実際について，2事例を取り上げる。1つ目はダウン症のある幼児の家族支援，2つ目は自閉症児の家族支援である。

（1）2つの事例から家族支援を考える

事例10−1　A児（3歳，女児）の家族支援

　A児は，初対面でも人懐こい笑顔で入室したが，動き回り，人の物を勝手に持って歩き，嫌なときには唾を吐くことが見られた。母親は周りにあやまってばかりで小さくなっていた。母親には明るさも元気もなく，終始周りを気遣いながらA児とともに相談に訪れた印象であった。母親は慣れた頃にポツリポツリと悩みやイライラを話し出した。

1）A児の発達理解とダウン症の理解について

　母親は医師から出産後にダウン症という診断とダウン症の説明を受けた。しかし，混乱している時に伝えられたため障害の認識はなく，一時的な病気のようにとらえていた。混乱が収まった段階でダウン症のA児の発達がどのように進むのか，どのような特性が見られるのか，母親の必要とする情報を的確に伝えることが求められた。A児はたくさん話そうとするが，言葉が不明瞭でなかなか伝わらないことが多かった。日常の生活で友だちを叩いたり，おもちゃ等を奪い取ったり，嫌な時には唾を吐いたりする問題行動が見られた。このような問題行動はなぜ起きているのか，その前後の行動から読み解くことも大切である。A児は友だちにおもちゃを貸してほしい，一緒に遊びたい，嫌なことをされた等，どのようにしたらよいかが分からないために不適切なかかわりをしていた。

　そこで，保育者は母親に，A児が食器の片付けや靴並べが上手なことやA児

のよさ，できるようになったことを伝え，「困った・できない子」のイメージ
を変える働き掛けをした。A児に対する母親の見方が変わると，かかわり方に
も変化が見られ笑顔が増え，子育てへの自信が見えてきた。

２）家族との関係

　A児を取り巻く家族関係の中で一番の難題は，同居している祖父母との関係
であった。母親は祖父母から「家系にこんな子はいない」「お前が悪い」と責
められてきた。また父親は無関心なことが多く，家族内に頼れる，相談できる
人はいなかった。しかし祖父母は，A児とうまくコミュニケーションが取れな
いこともあったが，A児の人懐こさや明るく優しいありのままの様子を見て
徐々にA児の特性を理解するようになっていった。同時に保育者は母親が孤立
しないように療育仲間の保護者と話す機会をつくった。特にピア・サポート[8]
は有効であった。祖父母とA児との関係が良好になってくると，祖父母の母親
への態度も柔らかくなり変容が見られた。A児が家族同士をつなぐ役割を担っ
ているともいえた。

　元々A児は5歳上の姉とは仲がよかったが，成長段階で様々な課題が出てき
た。姉は，クラスメートにA児のことをからかわれ，辛い体験もしていた。し
かし，母親には心配させまいと元気に振舞っていた。しかしある時A児に自分
の机の中をいたずらされ，大事にしていた文房具をなくされてしまったこと
に端を発し，我慢していたことが爆発してしまった。姉が「いつもAばかり！
Aを怒ってよ」という言葉で，母親は姉の今までの思いを知った。保育者のア
ドバイスにより思春期の入口にある姉と母親だけの時間をもつようにしたり，
部屋に姉の学習スペースを確保したりした。きょうだいは事情が分かるように
思えても，互いに話し合わなければ意思疎通や理解することには時間が掛かる
のである。障害のある子どもの支援と同様にきょうだいへの支援も欠かすこと
ができない。

３）保育者との関係

　保育者の発する言葉は影響が大きい。この事例では，保育者はどうにかした
いという思いで，園での様子を母親に伝えたが，「○○ができない」「○○をや
らない」という否定形の伝え方，あるいはトラブルばかりを伝えるのではな
く，一歩踏み込んで，なぜトラブルが起きているのかを母親と一緒に考える姿
勢が大切である。

　母親には，当初保育者はA児が手に負えない子，ダメな子という印象をもっ
ているように見受けられ，母親の園への足取りも重くなっていた。しかし母親

8）　**ピア・サポート**：
課題について仲間同士
で問題点を共有し，解
決に向けて支援しあう
こと。

は，家庭での様子を積極的に保育者に伝え，みんなと同じにはできなくても，具体的にこんな風に支援するとやれることを話し，理解してもらうようにした。次第に母親と保育者の間でA児の障害への対応について前向きな共通理解が生まれた。保育者からは頑張ったことやできたこと，園でのエピソードを伝えてくれるようになった。時間は掛かったが，保育者も母親も笑顔でA児を語り，優しいまなざしで見つめられるようになった。

　母親は障害があることだけでも，肩身の狭い思いをし，他児と同じように取り組めなくて迷惑をかけていないか，だれかとトラブルを起こしていないかと日々はらはらしていた。母親は保育者に遠慮して抑えている場合も多々あっただろう。子どものよさを発見し，小さいことでも子どもの発達，成長を共感し，喜び合えるような関係を保育者から築いていきたいものである。また，他の保護者と障害のある子の保護者との関係にも配慮していく必要がある。

9）　エンパワーメント：それぞれの人が自分の持っている能力を発揮し，自らの決定によって生活をつくっていく過程を支援すること。

　A児親子は，保育者に成長の節目ごとに手紙で様子や悩みを知らせてくれる。家族それぞれの時間の経過，経験や立場が変わると悩みの内容も変わってくる。保育者が関わるのは短い期間であるが，家族一人一人のエンパワーメント9）と家族本来の“パワー”を取り戻していく支援が大切である。

事例10-2　B児（12歳，男児）の家族支援

　B児は自閉症で知的障害もある小学校6年生である。家族構成は，父，母とB児の3人家族である。保護者の意向により，特別支援学校ではなく，校区外の小学校特別支援学級に通学している。毎朝，母親が自家用車で送迎をしている。B児とのコミュニケーションは，いくつかの単語の発語と絵カードの提示である。B児は幼児期から児童発達支援センターの療育を受けてきた。特に通常級に通う児童との交流が多く実施され，クラブ活動への参加ができるので支援学級を選択した。

　本事例では，児童発達センターと小学校との連携及び小学校から中学校への進学に向けた家族支援を取り上げる。

4）児童発達支援センターから小学校へ

　障害のある子どもの就学にあたっては，就学前施設の担任と小学校の担当者が引き継ぎ業務を実施することが多い。B児の場合は児童発達支援センターで作成しているパーソナルカードを利用して個別の引継ぎを行った。パーソナルカードは子どものそれぞれのライフステージに応じて，保護者，支援員（児童発達支援センターの担当者，学習支援員，子育て支援員等），保育者，教員，医療

担当者等がそれぞれ具体的に目標を書き込む形式で，次のステージにつなぐようになっている。支援の継続性と一貫性をもった支援を行うために必要なカードである。Ｂ児の障害の状態を丁寧につなぎ，相互に観察して連携していった。

5）小学校から中学校へ

Ｂ児の中学への進学については，特別支援学校中学部を決めていたが，学校選びに保護者の不安が強くみられた。保護者は環境が大きく変わることに不安と心配を抱えており，見学と支援員との定期的なミーティングをもつことで安定した。情報収集するとともに，すでに中学部に通っている生徒の保護者によるピア・サポートの場を設定したことで，落ち着いた。

Ｂ児は小学校高学年の頃より，母子関係に難しさが出てきた。父親は協力的であったが，Ｂ児とのかかわりがうまくいかず，Ｂ児の伝わらない思いやイライラ，ストレスの矛先が母親に向いてしまった。送迎中の車の中でたびたびパニックを起こし，家の中でも落ち着かない日々が続いた。母親は「自分の何が悪いのか」「自分はどうすべきか」と責めたり，悩んだりすることが増え精神的に不安定になっていった。支援員は思春期の男児の特徴等も織り込みながら話したり，話を聴いたりする時間を多くもつことをした。双方の状態が悪化したため，Ｂ児は一時的に福祉型障害児入所施設に入所することになった。母親への支援は期間を置きながらも続けることとして，支援内容の再検討を行った。

２家族の支援事例を示したが，障害のある子どもへの支援は同時に保護者ときょうだいを含めた家族への支援と切り離すことはできない。そして，障害のある子ども，保護者，家族，それぞれのQOL向上を目指した支援に取り組むことが求められている。

演習課題

課題１：障害のある子どもや家族が活用できる地域にある支援施設やサービスついて調べてみよう。

課題２：障害がある子どもの保護者や家族はどのようなことに困ったり，悩んだりしているか考えてみよう。

課題３：障害がある子どもの家族を想定して，具体的な支援の内容ついて話し合ってみよう。

コラム　スポーツしたい！　させたい！

　私たちは体育館やスポーツクラブ，プール等を自分のニーズに合わせて探し，年齢，性別，体力に関係なく気軽に利用し，スポーツを楽しむことができます。障害のある人たちも同じようにスポーツをしたいと思っているのです。

　障害のある子どもであっても，休日に一緒にマラソンや水泳，ボウリング等を楽しみ，スポーツをさせたいと考えている保護者は多くみられます。健康維持，体力増進，仲間づくり等目的は様々ですが，体を動かすことの楽しさや爽快感は何とも言えないものです。しかし，ルールの理解が難しい等で参加に消極的になってしまっている方もいます。

　既存のスポーツにとらわれず，体力や年齢，やり方，ルールを少しアレンジし，用具を工夫することで，だれもが参加し楽しみながら体づくりができます。

　ティーボールは野球をしたい人にはおすすめのスポーツです。投げられたボールをバットで打ち返すことは難しいのですが，ティーに置いたボールを打つので当たる確率が大きくなります。また，バットやボールに工夫することで打つことができます。写真のように大きめボールで軟らかいもの，小さいビニルボール等，硬さや大きさをいろいろ用意してあり，さらにボールを自分で選択できることで誰でもがチャレンジできます。

　ルールは，できるだけ簡単にシンプルで誰が見ても分かるように視覚化しています。例えば，進塁は1回に1ベース。ベースの数字と色を統一し，走る方向も矢印のイラストを床に貼り分かりやすくしています。打撃はフープの順番です。チームの交代の分からない子どももいますので，赤丸が3個になったら交代するようにしています。

　その時々に合わせてルールを変え，用具を工夫し，自分のペースで取り組めることが，参加意欲につながっています。気軽に楽しみ，いろいろな人とプレーできるおもしろさがスポーツの魅力であり，支援者も応援者も一緒に楽しんでいます。

第11章

障害児，その他の特別な配慮を必要とする子どもの課題

障害のある子どもには，様々な専門分野の連携による包括的・多面的な支援が不可欠である。まず，保健・医療分野では障害の早期発見・早期対応や子育て支援としての機能を持つ乳幼児健診の現状と課題を理解する。次に，教育・保育・福祉分野に関しては関連法案の基本事項を踏まえ，特に就学支援の仕組みについて学ぶ。さらに，医療，福祉，教育，保育等の各専門領域の横断的支援体制の構築が求められている医療的ケア児をめぐる状況について考えていく。

1．保健・医療における課題

妊娠から出産，育児期における母子保健事業では，切れ目のない一貫した支援体制を築くことが目指されている。主な母子保健施策として，母子健康手帳の交付や妊婦健康診査，乳幼児健康診査（以下，乳幼児健診）等があげられる。特に，乳幼児健診は，障害の早期発見・早期対応において重要な役割を果たしている。

（1）乳幼児健康診査

乳幼児健診は，母子保健法[1] に基づき実施される。1歳6か月児健診と3歳児健診は法定健診と呼ばれ，全ての市町村で実施されている。さらに，ほとんどの自治体では3〜4か月児健診を実施しており，9〜10か月児健診や5歳児健診等を実施する自治体もある（表11-1）。

乳幼児健診の目的は，子どもの発育・発達状況や，育児環境を確認するとともに，育児相談を通して保護者の不安を解消したり助言を行ったりすることで

1）**母子保健法**：市町村は「満1歳6か月を超え満2歳に達しない幼児」及び「満3歳を超え満4歳に達しない幼児」に対して健康診査を行わなければならないと定められている（第12条）。一般に前者が「1歳6か月児健診」，後者が「3歳児健診」といわれる。
また，同法第13条では，市町村は必要に応じて乳幼児健診を実施することが推奨されている。

表11-1　乳幼児健診の実施状況（2017年度）

対　象　児	乳　　児				幼　　児		
	1〜2か月児	3〜5か月児	6〜8か月児	9〜12か月児	1歳6か月児	3歳児	4〜6歳児
受診者数（人）	244,765	949,973	351,519	704,262	978,831	984,233	42,710
受　診　率（％）	86.4	95.5	84.0	84.2	96.2	95.2	81.3
精密健診受診者数	－	－	－	－	15,445	63,144	2,219

出典）厚生労働省「平成29年度地域保健・健康増進事業報告の概況」2019，p.3より作成．

ある。実施方法には，保健センター等で行う集団健診と，市町村から委託された医療機関を個別に受診する個別健診がある（表11－2）。健診を担う専門家は，医師・歯科医師，保健師，助産師，看護師，管理栄養士・栄養士，歯科衛生士，心理士，言語聴覚士，保育士等である。

　乳幼児健診では，子どもの健康状況を把握するのみならず，親子が支援者と出会い，悩みや不安を相談したり，複数の専門家から多面的な助言，指導を得たりする機会として意義がある。また，子どもが後に学校や社会生活の中で二

表11－2　乳幼児健診の健診方法

健診方法	メリット	デメリット
集団健診	・医師，保健師，栄養士，歯科衛生士など多職種の専門職からアドバイスを受けることができる。 ・同年代の親子が集まるので，子育て仲間と知り合うことができる。	・平日の日中に行われることが多く，両親が仕事を持っている場合受診しにくい。 ・受診者が多い場合，個別のニーズに十分応えられないことがある。
個別健診	・親の都合や子どもの体調に合わせて受診することができる。 ・かかりつけ医の診察を受けることができる。	・多忙な場合，診察のみになってしまう。 ・委託健診の場合，結果が行政サービスに戻るのに時間が掛かる。

自治体の実情に応じた健診形態	・巡回健診：人口密度が低く保健センターなどが遠方で，住民にとって受診が困難な場合，医師，保健師，臨床検査技師等のチームで地域を巡回する。 ・一斉健診：人口が少ない地域の場合，健診を効率的に行うために，いろいろな年月齢の乳幼児の健診を一度に行う方法。

出典）高野　陽・柳川洋・中林正雄・加藤忠明編『母子保健マニュアル』南山堂，2010，p.87を参照し作成．

表11－3　1歳6か月児健診のチェック項目例

計　測	身長，体重
保護者への質問事項	・転ばないで上手に歩けますか？ ・手を軽く持つと，階段を上がりますか？ ・積み木を2つ3つ積みますか？ ・鉛筆を持ってなぐり書きしますか？ ・絵本を見て知っているものを指差しますか？ ・「パパ」「ママ」などの意味のある単語を言いますか？ ・自動車を「ブーブー」と言って押したり，人形を抱っこしたりして遊びますか？ ・後ろから名前をささやくと，振り向きますか？
医学的なチェック項目	・歩き方，積み木のつかみ方・積み方，イヌやネコの絵を見せて指差しの確認 ・脊柱・胸部，頸部腫瘤（しゅりゅう），皮膚の異常，心雑音，腹部腫瘤，鼠径（そけい）部の異常，予防接種の進み具合

出典）水野克巳『お母さんがもっと元気になる乳児健診：健診を楽しくすすめるエビデンス＆テクニック』メディカ出版，2015，p.163を参照し作成．

次障害を起こすことを予防するためにも，障害を早い段階に発見し，支援につなげることが有効とされている。

（2）早期発見・早期対応をめぐる課題

　このように，乳幼児健診は母子保健の基盤事業の一つであり，受診率の高さから住民にしっかりと根付いた制度であるといえる。その反面で，いくつかの課題も指摘されている。

　まず，乳幼児健診における判定は専門家であっても困難であり，過剰診断や見落とし等のリスクが起こりうる点である[2]。乳幼児期の発達は個人差が大きく，経過を追ううちに問題がなくなる場合もあれば，逆に健診時は問題なしと見なしたが，結果的に見落としになってしまったというケースもある。

　また，乳幼児健診の内容や実施方法には，市町村によって「格差」があることも指摘される[3]。すなわち，法定健診以外の健診を実施するかどうかや，健診での具体的内容・実施方法は各市町村に委ねられており，健診を担う専門職の確保状況も市町村によって大きく異なる。さらに，乳幼児健診は概して高い受診率を示しているとはいえ，受診していない数パーセントの中に育児不安や虐待リスクを抱えた家庭，障害の疑いのある子どもが数多く含まれているという指摘もあり，そうした家庭や子どもへの支援も課題となっている[3]。

（3）5歳児健康診査

　2005（平成17）年に発達障害者支援法[4]が施行され，発達障害の早期発見・早期対応が求められるようになってきていることから，近年では「5歳児健診」を実施する自治体が増えている。幼児期の後半になると，同年齢の子どもや家族以外の大人とかかわったり，ルールを理解し，コミュニケーションをとりながら行動したりする場面が増えてくる。そうした集団生活の中では，発達障害特性による困難が見えやすくなると考えられ，その時期に健診を行うことで，より適切に困難を把握できる可能性がある。また，就学が迫っている時期に子どもの発達上の特性を把握することで，保護者を中心に医療・保健，教育，保育等の関係機関が連携して就学支援を行うといった意義もある。

　5歳児健診は，保護者に案内して子どもと医療機関や保健センター等に来所してもらい実施する集団健診型と，健診スタッフが就学前施設を来訪する訪問型がある。また，人材確保等の問題から，希望する保護者に対してのみ5歳児発達相談を行う自治体も見られる。保護者が子育てに希望をもてるよう，地域での相談支援体制を整えていくことが課題となっている[5]。

2）　平岩幹男『乳幼児健診ハンドブック』診断と治療社，2019，pp.12-13.

3）　玉村公二彦他編著『新版キーワードブック　特別支援教育—インクルーシブ教育時代の基礎知識』クリエイツかもがわ，2019，pp.210-211.

4）　**発達障害者支援法**：発達障害者支援法では，児童の発達障害の早期発見等について，下記のように記している。
　第5条第1項「市町村は，母子保健法（昭和40年法律第141号）第12条及び第13条に規定する健康診査を行うに当たり，発達障害の早期発見に十分留意しなければならない」
　第6条第1項「市町村は，発達障害児が早期の発達支援を受けることができるよう，発達障害児の保護者に対し，その相談に応じ，センター等を紹介し，又は助言を行い，その他適切な措置を講じるものとする」

5）　前掲書3），pp.212-213.

2．教育・保育・福祉における課題

　近年，障害児・者の教育・保育・福祉にかかわる法制度改革が進められている。本節では，そこでのキーワードを整理した上で，就学前施設から小学校への接続をめぐる課題を中心に見ていく。

（1）合理的配慮と基礎的環境整備

事例11－1　糖尿病の子どもへの合理的配慮

　ある幼稚園の年長クラスには，糖尿病[6]のA児が在籍している。A児は，低血糖を防ぐため，決められた時間にビスケット等のお菓子を食べなければならない。それに気付いたクラスの子どもたちが，「Aちゃんだけおやつを食べていてずるい！」と言った。

6)　**糖尿病**：糖尿病には，小児期に発症することの多いⅠ型糖尿病と，生活習慣病や遺伝の影響が大きいⅡ型糖尿病の2種類がある。Ⅰ型糖尿病の子どもは，インスリンと呼ばれる物質が作れないため，注射やポンプによるインスリンの補充が不可欠である。また，血糖が下がりすぎる低血糖の状態に注意する必要がある。

7)　**障害者権利条約**（障害者の権利に関する条約）：2006（平成18）年の第61回国連総会にて採択され，日本は2014（平成26）年に批准した。

8)　**障害者差別解消法**（障害を理由とする差別の解消の推進に関する法律）：障害者差別解消法では，合理的配慮を提供しないことは差別にあたるとしている。

　この事例では，A児だけがお菓子を食べることができ，他の子どもたちは「A児だけ特別扱いされている」と感じているかもしれない。だが，これはA児にとって合理的配慮であり，他の子どもたちと同様に園で日常生活を送るために必要な手立てである。すなわち，合理的配慮とは，障害のある個人の多様で固有なニーズに応じて環境の調整や配置を行うものであり，他の人と形式的に同一の処遇をすることではない。

　「合理的配慮」は，障害者権利条約[7]において初めて国際人権条約の中に組み込まれた概念である。これに伴い，国内では障害者差別解消法[8]が成立し，障害者雇用促進法[9]が改正される等〔いずれも2016（平成28）年4月施行〕の法整備を進め，「合理的配慮」の考え方を導入してきた。例えば，障害者差別解消法では，障害者から社会的障壁の除去が必要であるという意志の表明があった場合，「その実施に伴う負担が過重でないときは，障害者の権利利益を侵害することとならないよう，当該障害者の性別，年齢及び障害の状態に応じて，社会的障壁の除去の実施について必要かつ合理的な配慮をしなければならない」（第7条第2項）とされている。これらの法における合理的配慮のポイントをまとめれば，① 個々の場面における障害者個人のニーズに応じて，② 過重負担をともなわない範囲で，③ 社会的障壁を除去すること，といえる。さらに，障害者の意向を尊重することや，機会平等の実現を目的としていること等の要素も含まれている[10]。

　また，就学前施設において障害のある子どもが生活しやすくなる工夫には，合理的配慮に加え，土台となる環境を整えること（基礎的環境整備）も重要である。基礎的環境整備の具体例としては，地域の専門機関による支援体制や，

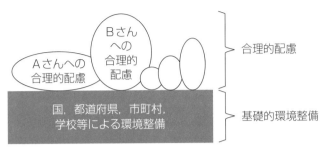

図11−1　合理的配慮と基礎的環境整備の関係

出典）文部科学省「共生社会の形成に向けたインクルーシブ教育システム構築のための特別支援教育の推進（報告）参考資料」2012をもとに作成.

園内の人材配置，また園内で物を片付ける場所をイラストで示すといった，全ての子どもが生活しやすいユニバーサルな保育環境等があげられる。図11−1に示すように，基礎的環境整備は一人一人の子どもに対する支援を行う基盤となり，その上で提供される合理的配慮は子どもの特性によってそれぞれ違うものとなる。さらに，基礎的環境整備がどれだけ整備されているかによって，ある子どもに必要とされる合理的配慮の形や程度が変わる可能性がある。このように，合理的配慮と基礎的環境整備が一体となり，多様な子どもたちの特性に合わせて支援方法を構築することが求められている。

（2）小学校との接続

就学前施設の子どもたちは，やがて小学校に入学する。支援が必要な子どもたちとその保護者にとって，小学校への移行は大きな転機となりうる。ここでは，まず就学先決定の流れを概観し，移行をめぐる課題について解説していく。

1）就学先決定

支援が必要な子どもたちの就学先として，地域の学校で他の子どもたちと学ぶ「通常学級」，通常学校に設置された教室で少人数の指導を受ける「特別支援学級」，そして障害のある子どもに対して専門的指導を行う「特別支援学校」がある。また，通常学級に在籍しながら特別な支援を受ける「通級による指導」という選択肢もある（表11−4）。

2013（平成15）年に学校教育法施行令の一部が改正され[11]，本人・保護者のニーズを踏まえ，多分野による専門的意見や地域の状況を踏まえて，総合的な判断により就学先を決定することとされた（図11−2）。従来は，障害があると判定された子どもは原則として特別支援学校に入学することになっていたが，この改正によって地域の小学校も選択肢の一つと位置付けられたといえる。

就学先決定においては，まず保護者が各校種の特性について理解した上で就

9）**障害者雇用促進法**（障害者の雇用の促進等に関する法律）：障害者の民間企業や公的機関等での雇用を進めるための法律。2013（平成25）年6月の改正により，雇用分野における障害者に対する差別が禁止されるとともに，職場における合理的配慮の提供が義務付けられている。

10）川島　聡他編著『合理的配慮—対話を開く，対話が拓く』有斐閣，2016，p.2.

11）学校教育法施行令の改正は，中央教育審議会初等中等教育分科会報告「共生社会の形成に向けたインクルーシブ教育システム構築のための特別支援教育の推進」〔文部科学省，2012（平成24）年〕において，「就学基準に該当する障害のある子どもは特別支援学校に原則就学するという従来の就学先決定の仕組みを改め，障害の状態，本人の教育的ニーズ，本人・保護者の意見，教育学，医学，心理学等専門的見地からの意見，学校や地域の状況等を踏まえた総合的な観点から就学先を決定する仕組みとすることが適当である」との提言を踏まえて行われたものである。

表11－4　就学先の特徴

通常学級	・1クラス（児童40名まで，1年生のみ35名）に対し，担任教諭1名が配置されている。 ・教科などにより，少人数指導や習熟度別指導などを行うケースもある。 ・特別支援教育支援員（障害のある子どもの介助や学習支援を行うサポーター）が配置されることもある。
通級による指導	・通常学級に在籍し，ほとんどの授業は通常学級で受ける。 ・障害の状態に応じた特別な指導を週1～8単位時間，特別な指導を行う場で受ける。
特別支援学級	・1クラスが少人数で構成され，担任教諭も複数配置される。 ・一人一人に応じた指導法が工夫されている。
特別支援学校	・1クラスが少人数で構成され，担任教諭も複数配置される。 ・障害のある子どもを対象に，専門的な指導を行う学校である。 ・学習面だけでなく，生活面においても特別な配慮・工夫がなされている。

出典）榊原洋一『最新図解　発達障害の子どもたちをサポートする本』ナツメ社，2016，p.219を参照し，作成.

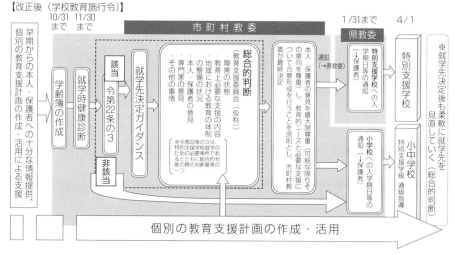

図11－2　障害のある児童生徒の就学先決定について

出典）文部科学省初等中等教育局特別支援教育課作成「教育支援資料」（参考資料）2013.

学先を考えることができるように支援し，本人・保護者の意向を最大限に尊重することが大切である。

2）移行支援の現状と課題

就学先決定にあたり，子ども自身にとって最もふさわしい選択ができ，就学後も安心して学校生活を送ることができるよう，関係機関が連携して支援することが求められる。

事例11－2　保護者の不安への対応

　B児（男児，年長）は自閉傾向があり，なかなかクラスで落ち着かない。集団での活動は無視するかのように，興味のある所に一人で自由に歩き回って過ごしている。文字や英語，数字，記号にはとても興味・関心があり，満足するまでホワイトボードに一人で描き続けている。保護者はできれば社会性を身に付けながら，楽しく学校に通ってほしいと願っているが，小学校就学後に45分間の授業を4時間程度受けることができるか心配である。

　事例11－2のようなケースは，教育者（小学校・中学校・高等学校・特別支援学校等の教諭をいう）・保育者（幼稚園教諭，保育士，保育教諭をいう）は保護者の不安や願いに寄り添い，信頼関係を築くことが重要である。保護者は，普段通園している就学前施設の保育者に相談する他，市区町村の教育委員会が行う就学相談[12]を活用することができる。

　学校側にとっては，障害のある子どもが入学する際に，合理的配慮の観点から体制面・財政面における具体的な対応策を検討する必要がある。受け入れの際には，子どもが学校生活に適応できるよう，これまでの子どもの背景や特性，支援方法に関する情報を引き継ぐ方法として，下記のようなものがある。

　①　**相談支援ファイル**：各関係機関が必要な情報を保護者と共有するために，生育歴や発達検査の結果，療育プログラム内容等を記述し，まとめてファイルにする。各自治体によって形式は異なるが，近年，活用することが増えている[13]。

　②　**連携会議**：小学校の教師が子どもの姿を見るために就学前施設に見学に来て，双方の関係者による連携会議を開くこともある。連携会議を行った上で，個別の支援計画等が作成される。

　これらの就学支援ツールやシステムは，保護者の同意がなければ活用することはできない。そのため，保護者が子どもの障害を受け止められず，同意・協力が得られなければ，支援の仕方等の具体的な引き継ぎが困難になるという課題がある。また，就学前施設や小学校の意向と保護者の思いの間にギャップが生じることもある。まずは保護者の意向を尊重し，関係機関での合意形成を図っていく。その際に，支援者側の意見を保護者に押し付けるような形にならないようにする必要がある。

　現状としては，特別支援学校が遠方であったり，通級指導教室ないし特別支援学級が居住地域になかったりして，子どもと保護者の希望に沿う選択肢がなかったというケースが生じることもある。子どものニーズに沿った柔軟な仕組みが求められている。

12)　**就学相談**：就学相談では，相談員が面談を行い，希望の就学先を聞いて必要な情報を提供したり，子どもの発達検査や行動観察を行ったりする。市区町村によって，体制や実施時期は異なるが，7～9月頃に開催されることが多い。

13)　相談支援ファイルの例

3．各領域を越えて
——医療的ケア児をめぐる現状と課題——

　急速に変化する現代社会においては，従来の医療，福祉，教育，保育といった枠組みの中では対応できない課題も生じている。その顕著な例として，本節では医療的ケア児をめぐる現状と課題を見ていく[14]。

　日本の新生児の乳児死亡率[15]は，先進国の中でも極めて低い水準にある。その反面，日常的に経管栄養や薬液の吸入等が必要な医療的ケア児の数は増加し続けており，2016（平成28）年時点では18,272名に達している（図11-3）。その背景には，医療のめざましい進歩により，低出生体重児や生まれながらに重い病気や障害のある子どもも，NICU（新生児集中治療室）で手厚く保護されながら命をつなぐことができるようになったことがある。

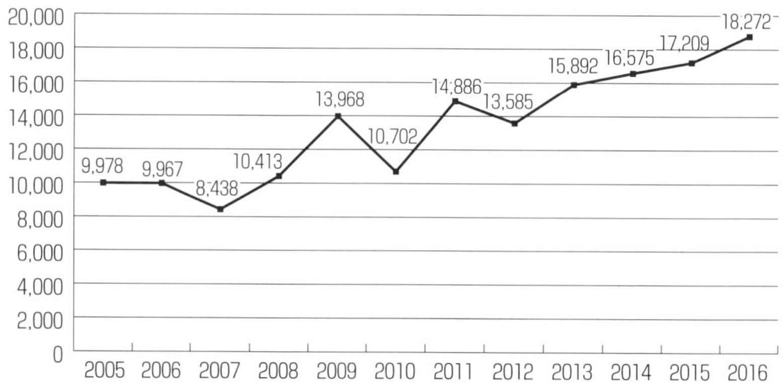

14）**医療的ケア**：病院等で行う「治療行為」とは区別して，退院後の暮らしを維持するために欠かせない処置のことを総称する表現である。

15）**乳児死亡率**：ある1年間に発生する1歳未満の死亡率（1,000人当たり）。2017（平成29）年のOECD（経済協力開発機構）の35か国の平均値3.7に対し，日本は1.9である。OECD, *Health at a Glance 2017: OECD Indicators*, 2019.

16）内多勝康『「医療的ケア」の必要な子どもたち —第二の人生を歩む元NHKアナウンサーの奮闘記』ミネルヴァ書房，2018，p.120.

17）自治体は，医療的ケアが必要な子どもがその心身の状況に応じた適切な支援が受けられるよう，「保健，医療，福祉その他の各関連分野の支援を行う機関との連絡調整を行うための体制の整備に関し，必要な措置を講ずるように努めなければならない」とされている（児童福祉法第56条の6第2項）。

図11-3　医療的ケア児数

出典）田村正徳代表「医療的ケア児に対する実態調査と医療・福祉・保健・教育等の連携に関する研究」2017をもとに作成.

　これらの医療的ケア児は，就学前施設に通いたいと思っても，多くの場合，入園を断られ社会から孤立している状況がある。入園を断られてしまう主な理由は，看護師（たんの吸引等の医療処置や鼻から胃に通した栄養注入用のチューブが抜けてしまったとき等への対応）が施設に常駐していないためである。就学前施設や学校に通えない医療的ケア児は，ほとんどの場合，家の中が生活の全てになり，他の子どもや家族以外の大人と交流する経験が少なくなる[16]。

　さらに，その家族にとっても，医療的ケア児の預け先が見つからなければ，育児休業から職場復帰することが困難になる。結果的に，仕事を辞めざるを得ず，精神的・肉体的負担に加えて経済的負担までもが強いられることとなる。

　こうした状況を受け，就学前段階からの支援体制づくりが始まっている。例

えば，2016（平成28）年6月に児童福祉法が一部改正され[17]，医療的ケア児への対応が明記された。これを受けて，厚生労働省は2017（平成29）年度から医療的ケア児の受け入れを行う保育所等に財政的支援を行う「医療的ケア児保育支援モデル事業」を開始した。さらに，2018（平成30）年度からは，障害児通所支援事業所に通所する医療的ケア児について，保育所や放課後等児童クラブとの併行通園[18]等を行う「医療的ケア児支援促進モデル事業」を開始している。

また，学校でも医療的ケア児は増加傾向にある。文部科学省の調査〔2017（平成29）年5月1日時点〕によれば，医療的ケア児は公立の特別支援学校に8,218人，公立の小中学校には858人在籍している（p.8，表1－4参照）。特別支援学校では，医療的ケア児はこの10年間で約2千人増加した。学校で様々な障害に対応できる看護師の養成・研修が急務となっている。

ただし，入学が許可されたとしても，保護者の付き添いが条件となる場合がある[19]。特に，人工呼吸器を使用する医療的ケア児の場合，教育者・保育者や看護師でも対応することができないとして，保護者の付き添いを求められることが多い。これが共働き家庭にとって壁となり，学校に通わず家庭へ先生に来てもらう「訪問教育」を受けるケースもある。

医療的ケア児と家族に対する支援として，短期入所や通所ができる施設も少しずつ広がりを見せている。これらのサービスは，家族のケア負担をやわらげリフレッシュしてもらうレスパイトケア[20]の機能としても重要である。だが，これらの施設では医療的ケア児に手厚いケアを提供するため，様々な分野の専門職が必要となるが，各職員に支払う人件費がかさむ半面で，医療領域と福祉領域をまたいで支援するような公的制度が十分にないという課題がある[21]。今後，様々な医療的ケア児の生活と豊かな発達を支えていくためには，医療，福祉，教育，保育，地域生活を一体でとらえ，支援をしていく視点が必要となる。

演習課題

課題1：あなたの住んでいる自治体では，どの時期にどのような方法で乳幼児健診が行われているか調べてみよう。

課題2：就学前施設における「合理的配慮」として，具体的にどのような支援や配慮が行われているか話し合ってみよう。

課題3：事例11－2のB児の就学先決定にあたり，あなたなら保護者にどのような助言をするか考えてみよう。

18）**併行通園**：併行通園では，医療的ケア児が障害児通所支援事業所に通いつつ，保育所等の通園を目指していく。子どもに馴染みのある事業所職員等が保育所等へ同行し，受け入れのための調整や事前準備を行い，受け入れをバックアップする。

19）例えば，特別支援学校に通う医療的ケア児のうち，登下校のみ保護者が付き添っているのは50.4％，学校生活及び登下校の双方において保護者が付き添っているのは15.1％である。（文部科学省初等中等教育局特別支援教育課「学校における医療的ケアの必要な児童生徒等への対応について」より）

20）**レスパイトケア**：障害児を抱えた保護者・家族の介護からの一時的な解放を目的にした援助のこと。家庭内にヘルパーや介護者を派遣するインホームサービスと，施設等の短期利用をするアウトオブホームサービスの2種類がある。現在，日本では後者が中心となっており，自宅内でのレスパイトケアはほとんど普及していない。

21）前掲書16），pp.144-148.

コラム　インクルーシブ教育

　2012（平成24）年，中央教育審議会初等中等教育分科会は，「共生社会の形成に向けたインクルーシブ教育システム構築のための特別支援教育の推進（報告）」をまとめた。ここでの「共生社会」とは，「これまで必ずしも十分に社会参加できるような環境になかった障害者等が，積極的に参加・貢献していくことができる社会」であり，「誰もが相互に人格と個性を尊重し支え合い，人々の多様な在り方を相互に認め合える全員参加型の社会」とされている。同報告では，共生社会の実現に向けて，インクルーシブ教育システムの構築が不可欠であると位置付けている。

　インクルーシブ教育システムに関しては，同じ場で共に学ぶことを追求するとともに，個別の教育的ニーズのある幼児・児童に対して多様で柔軟な仕組みを整備することが必要とされている。図11－4に示すように，「多様な学びの場」として，通常学級のほか，特別支援学校，特別支援学級，通級による指導が用意されているが，いずれもその対象者は増加傾向にある。ここ10年ほどの間に，対象者はそれぞれ特別支援学校で1.3倍，特別支援学級で2.1倍，通級による指導で2.4倍となっている。

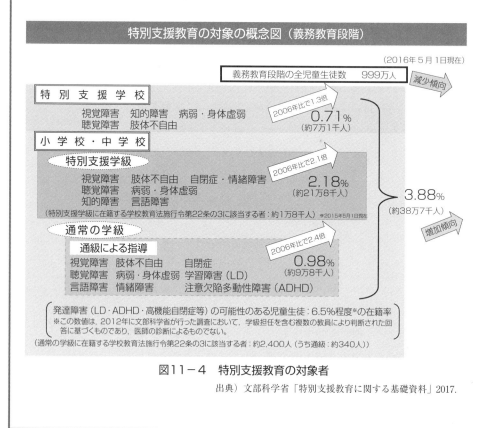

図11－4　特別支援教育の対象者

出典）文部科学省「特別支援教育に関する基礎資料」2017.

第12章 地域の専門機関や関係機関との連携

就学前施設（幼稚園，保育所，認定こども園をいう），小学校，中学校，高等学校，特別支援学校において特別支援教育や障害児保育を実施していく際は，地域の専門機関や関係機関との連携が必要不可欠である。その理由は，乳幼児や児童生徒の問題行動や未獲得行動をスムーズに改善・獲得させるために専門的な知識や技能を用いる必要があるからである。

本章では，連携する専門機関の種類や機能，それぞれの専門機関で勤務している専門職について，事例を通して学ぶ。また専門機関との連携に際しての支援計画や多機関連携のモデルについて，さらに，就学前施設等で活用している特別支援教育支援員について紹介する。

1．地域の団体・関係機関とのネットワークの構築

就学前施設の連携について，保育所保育指針[1]では，障害のある子どもに関する連携のあり方が述べられている。さらに，幼稚園教育要領[2]や幼保連携型認定こども園教育・保育要領[3]では，いずれも「特別支援学校などの助言又は援助を活用」すること，「家庭，地域及び医療や福祉，保健等の業務を行う関係機関との連携」が記されている。小・中学校や高等学校についても，小学校学習指導要領，中学校学習指導要領，高等学校学習指導要領のそれぞれに個別の教育支援計画作成に基づく機関連携について記されている。特別支援学校学習指導要領等[4]においては，家庭や専門機関との連携や特別支援教育に関するセンター的役割について記されている。

このように，「連携」という用語がそれぞれのガイドラインに掲げられている。また，2018（平成30）年から文部科学省と厚生労働省による障害のある子どもとその家族のための連携事業（家庭と教育と福祉の連携「トライアングル」プロジェクト，2018）や切れ目のない支援体制整備充実事業（文部科学省，2018）が始められている。まずはじめに就学前施設や学校に在籍している子どもを支援する専門機関について確認しておこう。

障害のある子どもを支援する地域の専門機関を把握することは，子どもの教育・保育を行う上で重要なことである。以下では，教育・医療・福祉・就労等

1） 厚生労働省『保育所保育指針』〔第1章 3（2）キ〕，2017.

2） 文部科学省『幼稚園教育要領』〔第1章 第5 1），2017.

3） 内閣府等『幼保連携型認定こども園教育・保育要領』〔第1章 第2 3），2017.

4） 特別支援学校幼稚部教育要領，特別支援学校小学部・中学部学習指導要領，特別支援学校高等部学習指導要領を指す。

の専門機関について具体例を交えながら説明する。

（1）特別支援学校

　特別支援学校は，障害に基づく様々な困難を改善・克服するために必要な教育を行う学校である。在籍している子どものために専門的な教育を行うだけでなく，地域の特別支援教育に対するセンター的役割も担っている。文部科学省では，特別支援学校のセンター的役割の具体的内容として，① 就学前施設，小・中学校，高等学校の教員への支援機能，② 特別支援教育等に関する相談・情報提供機能，③ 障害のある幼児児童生徒等への指導・支援機能，④ 福祉，医療，労働等の関係機関との連絡・調整機能，⑤ 就学前施設，小・中学校，高等学校の教員に対する研修協力機能，⑥ 障害のある幼児児童生徒等への施設設備等の提供機能の6機能をあげている[5]。幼稚部，小学部・中学部，高等部それぞれの特別支援学校教育要領，及び学習指導要領においても，特別支援学校のセンター的役割について記されており，すでにその役割は定着したといえる。例えば，A小学校に通っている自閉症スペクトラム障害の診断を受けているB児の指導方法について助言を仰ぎたい場合，A小学校の特別支援教育コーディネーター[6]（以下，「コーディネーター」と記す）は，A小学校域のC特別支援学校のコーディネーターに連絡をし，巡回指導を依頼することができる。この機能は，小学校のみでなく，就学前施設，中学校と高等学校でも活用できる。

（2）医療機関

　連携先は医師，児童精神科やクリニック等の臨床心理士・公認心理師等があげられる。

　障害のある子どもが通う医療機関を教育者（小学校・中学校・高等学校・特別支援学校等の教諭をいう）・保育者（幼稚園教諭，保育士，保育教諭をいう）が把握することは，子どものできることやできないことの医学的な診断を確認する上で重要である。服薬している子どももいるため，学校での服薬等も含め，保護者に許可を得た上で，医療機関と連絡を取り，情報共有することが必要である。また，保護者の了承が得られない際は，了承を得られるよう，まず保護者に学校等での状況を説明したり，診察の際，医師に了承が得られるように伝言してもらったりする等して，協力態勢をつくることが大切である。

　さらに，障害のある子どもの中には経管栄養やたんの吸引を必要とする医療的ケア児も含まれている。2012（平成24）年4月より社会福祉士及び介護福祉士法施行規則に定められる研修を受けた教員が一定条件のもとに特定の医療行

5）　文部科学省「特別支援教育を推進するための制度の在り方について（答申）」2005.

6）　**特別支援教育コーディネーター**：各校長が校務分掌として位置付け，各学校における特別支援教育の推進のため，主に，校内委員会・校内研修の企画・運営，関係諸機関・学校との連絡・調整，保護者からの相談窓口等の役割を担う。

為を行うことができるようになった。

　また，保護者に医療機関を紹介する際，保護者によっては，唐突に児童精神科や心療内科を紹介されると混乱するので，かかりつけ医（主治医）の受診から勧めると抵抗なく，受け入れてもらえる可能性が高くなる。

（3）療育機関

　連携する先は障害児入所施設や児童発達支援センター，放課後等デイサービス等があげられる。

　2016（平成28）年の児童福祉法改正において，障害種別ごとに分かれていた障害児の給付体系が通所・入所に一元化されるとともに，放課後等デイサービスや保育所等訪問支援が創設された[7]。

　障害児入所施設は，子どもたちにとって生活の場としての機能が中心であり，それは将来の仕事につながるスキルを獲得するために作業学習を実施したり，言語の獲得に向けて発話トレーニングを実施したり多岐にわたる。また，通所施設である児童発達支援センターは，障害種別による制限がなくなったが，各障害に応じた専門的な支援が行われる。

　連携するメンバーは，理学療法士（physical therapist：PT），作業療法士（occupational therapist：OT），言語聴覚士（speech-language-hearing therapist：ST），臨床心理士，公認心理師等があげられる。

7）　厚生労働省「社会保障審議会障害者部会（第70回）資料1－1障害児支援について」2015.

理学療法士　　　　　　　作業療法士　　　　　　言語聴覚士

図12－1　専門的な支援を行う専門家

（4）保健所・市町村保健センター

　保健所や保健センターは，出生後から一生涯にわたり，つながることができる機関である。保健所は各都道府県，指定都市，中核市，特別区等に設置されており，市町村保健センターは各市区町村に設置されている機関である。保健所は，地域保健の中核的な役割を担っており，市町村保健センターと連携した取り組みを行っている。近年では親子の健康を目的とした「健やか親子21（第

8）　乳児家庭全戸訪
問事業：2007（平成
19）年度から厚生労働
省の事業として開始し
た。その目的は，「生
後4か月までの乳児の
いるすべての家庭を訪
問し，様々な不安や悩
みを聞き，子育て支援
に関する情報提供等を
行うとともに，親子の
心身の状況や養育環境
等の把握や助言を行
い，支援が必要な家庭
に対しては適切なサー
ビス提供につなげる。
このようにして，乳児
のいる家庭と地域社会
をつなぐ最初の機会と
することにより，乳児
家庭の孤立化を防ぎ，
乳児の健全な育成環境
の確保を図るもの」
（厚生労働省ホーム
ページより）である。

9）　乳幼児健康診査に
ついては第11章 p.109
を参照。

10）　井上和久・井澤
信三・井上とも子「特
別支援学校のセンター
的機能を活用した発達
障害児等への早期支援
に係る実態調査─保健
機関，療育機関との連
携・協働の状況につ
いて─」LD研究，**23**
（3），2014年，pp.331-339.

11）　公共職業安定
所：厚生労働省設置法
第23条に基づき設置さ
れる。「国民に安定し
た雇用機会を確保する
こと」を目的として国
（厚生労働省）が設置
する行政機関である。

12）　地域若者サポー
トステーション：厚生

2次）」を推進する役割を担っている。市町村保健センターは主に母子保健の中核的な役割を担っており，乳児家庭全戸訪問事業（こんにちは赤ちゃん事業）8），乳幼児健康診査（1歳6か月児健診，3歳児健診）9）等があり，成長・発達状況について継続的なフォローができる。法定健診を未受診の場合，虐待等のリスクファクターとなるため，確認事項として重要である。また，一部の地域では特別支援学校と連携し，乳幼児健康診査後の相談等につなげる実践が行われている10）。就学後は，健診のみでなく，保護者の相談等も可能になる。さらに，児童福祉法では満18歳になると下記で説明する児童相談所の上限に達してしまい，その後の引継ぎ先に困惑するケースが散見される。その場合は，保健所を紹介し，地域で生活するための支援を継続できるようにしていくことが重要である。

　連携する専門職は，保健師や看護師があげられる。

（5）児童相談所

　児童相談所は，子どもに関するあらゆる問題の解決のために，児童福祉法に基づいて設置された専門的な相談機関である。児童虐待や養育困難，家庭内暴力等，様々な相談の窓口となっており，その役割は多岐にわたっている。スタッフは，児童福祉司（社会福祉士等），児童心理司，医師等から構成され，全ての都道府県と政令指定都市に設置され，2019（令和元）年4月現在215か所となっている。現在，児童相談所は，虐待対応が中心となっているが，子どもにかかわる相談の全てに対応している機関である。児童相談の中核的な役割を担い，自治体の関係部署（教育委員会や福祉課等）で対応可能なケースは各部署と連携し，対応することもある。

　連携する専門職は，児童福祉司，児童心理士等があげられる。

（6）就労関係機関

　就労関係機関は，高等学校において就労についての連携先として，重要な機関である。就労関係機関の代表的なものは，公共職業安定所（ハローワーク）11）や地域若者サポートステーション12）である。公共職業安定所には，現在「わかものハローワーク」や「高卒者を対象とした専門のハローワーク」が存在し，その子どもに適した就労先の支援を実施している。また，障害者職業能力開発校13）等も連携機関として考えられる。

（7）自治体の教育委員会や福祉関係部署等

　就学前施設や小・中学校・高等学校の最も身近な連携先は自治体の教育委員

会や福祉関係部署である。

　教育委員会は，特別支援教育の部署との連携により，就学相談を受けたり，知能検査を実施する。また，教育センター[14] がある場合は，教育相談を実施することができ，支援の幅が拡大する。福祉関係部署は，児童相談所への相談に抵抗が生じる場合の相談場所として有効である。東京都の場合は，子ども家庭支援センターがその役割を担う。また，生活保護家庭や生活困窮家庭で育つ子どもへの支援を生活困窮者自立支援法[15] の下で，学習支援等を行っている。また昨今，自治体，地域住民が主体となる支援活動として子ども食堂が広がりをみせている[16]。

　連携する専門職は，指導主事やケースワーカー，教育相談員等である。

2．地域の専門機関との連携方法

　医療機関や療育機関等，様々な他機関と連携する際は，個人情報や守秘義務の問題から「保護者の承諾」が必須事項となる。保護者の承諾が得られた際は，関係機関への情報提供や子どもの療育場面の見学，関係機関による就学前施設及び小・中学校や高等学校での子どもの行動観察等を行うことで，その子どもに適したや教育や保育の支援につながる。

　連携を行う際は，それぞれの機関が対象の子どもに対してどのような支援ができるのか，いつまでその支援を実施するのか，その支援の効果をどのように評価するのか等を具体的に計画することが支援の質を上げることにつながる。子どもの支援をそれぞれの機関が別々の行動目標や方針で実施しても効果を上げることは難しい。そのため，関係する機関で書式等が統一された具体的・客観的な記述が重要となる。また，連携する際は，どの機関の誰に連絡するのかが大きなポイントである。例えば，小・中学校や高等学校は「特別支援教育コーディネーター」を窓口とするシステムが確立している。就学前施設は，自治体によって名称は異なるが，特別支援教育コーディネーターに類する役職を設置しているケースが多い。そのため，その役職をキーパーソンに連絡を取ることができる。特別支援教育コーディネーター等が他機関とのつながりをスムーズに行うには，障害のある子どもの行動観察を行ったり，関係者会議を開催したりする等，「顔の見える（分かる）連携」が重要である。

3．支援計画例と支援の実際

　地域の様々な専門機関が一人の子どもに対して作成する支援計画は，「個別

労働省により2006（平成18）年度から開始された地域若者サポートステーション事業である。地域若者サポートステーション（サポステ）では，働くことに悩みを抱えている15〜39歳までの若者に対し，キャリアコンサルタント等による専門的な相談，コミュニケーション訓練等によるステップアップ，協力企業への就労体験等により，就労に向けた支援を行っている。

13）　**障害者職業能力開発校**：障害者のための就労を目的とした普通職業訓練や高度職業訓練を行う施設。主に身体障害者，知的障害者，発達障害者が対象となる。職業能力開発促進法第16条に基づき，国が設置し各都道府県が運営する。

14）　**教育センター**：各自治体によって名称は異なり，教員研修機関としての役割と教育相談機関としての役割がある。

15）　**生活困窮者自立支援法**：2015（平成27）年4月施行。生活保護に至る前あるいは保護脱却の段階での自立支援の強化を図る目的で制定。

16）　**子ども食堂**：民間による支援活動として，ひとり親家庭の貧困問題や孤食への対策として，地域住民や自治体が主体となって無料または低料金で対象

となる子どもたちに食事を提供したり，学習支援をしたりするコミュニティの場として展開している。2019（令和元）年には約3,700か所に設置されている（NPO法人全国子ども食堂支援センター・むすびえ調べ）。

の支援計画」である。「個別の支援計画」については第9章（p.89〜）に詳しく記されている。本節では，地域の専門機関等が協働し，支援した計画例と支援の実際を紹介する。

（1）渋谷区教育センターにおける多機関連携の取り組み

東京都渋谷区における「子どもの心サポート事業」は，2001（平成13）年から開始した事業である（図12-2）。「子どもの不安や悩み，学校・家庭・地域での生活において子どもが感じている不適応感や様々な問題等を早期に発見し，各機関の専門性と連携体制を生かして多面的かつ効果的な支援を行うこと」を目的としている。「子どもの心サポート事業」では，渋谷区の教育・福祉・保健関係部署と東京都の児童相談センターが集まる会議（子ども家庭スクールサポート委員会）を年3回実施し，「顔の見える（分かる）連携」を実践している。また，「子どもの心サポート隊」という名称で定期的に小・中学校を訪問し，情報収集及び個々のケースへの対応等について検討し，必要に応じて専門的助言・情報交換・連絡及び関係機関との連携を図るとともに，家庭訪問やフォロースタッフの派遣等，具体的支援策を講じている。

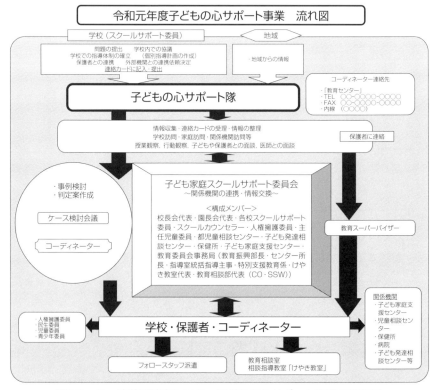

図12-2　渋谷区教育センター子どもの心サポート事業の流れ図

渋谷区の連携における特徴は，「フォロースタッフ派遣」[17]である。渋谷区教育センターは，独自にフォロースタッフという名称を用い，派遣を実施している。障害のある子どもは，様々な葛藤や苦悩を抱えており，二次障害として不登校[18]・ひきこもり[19]状態となる可能性がある。そのため，アウトリーチ的なかかわり[20]が重要である。フォロースタッフは，子どもたちの状況に応じたかかわりを行い，対人関係の改善や集団生活への適応，学校復帰等，本人の課題解決や自立に向けた支援を行っている。

具体的な事例は以下に記す（個人が特定できないように加工している）。

17）**フォロースタッフ派遣**：厚生労働省は，不登校の子どもたちに対して，1991（平成3）年から「ふれあい心の友派遣事業」を開始し，メンタルフレンドを導入した。実施機関は，児童相談所や教育相談センター，大学等研究機関や民間の支援機関等である。

事例12-1　連携の実際1

① 小3男児：転校後，かかわり始めたフォロースタッフによる登校支援を開始し，在籍校を中心としたケース会議を行い，登校時のかかわりを明確化することにより，少しずつ登校ができるようになった。

② 小6男児：低学年の時に登校意欲をなくし，不登校状態が続いた。フォロースタッフと少しずつ外部の社会資源等の活用を図り，交通機関の利用も可能になり，教育支援センター（適応指導教室）[21]への通室につながった。

③ 中2女子生徒：ひきこもりの生徒。学校での対人関係のトラブルにより，学校とのつながりが持てず，不登校からひきこもりへ移行した。フォロースタッフが週1日の家庭訪問をすることで，現認確認を行い，子どもと会話を行う。

上記3ケースは，二次障害としての不登校・ひきこもりケースである。不登校のきっかけは，一人一人異なるため，きめ細かなアセスメントが重要である。①のケースは五月雨登校状態のため，完全不登校状態ではなかった。そのため，在籍校でのサポート体制を構築し，フォロースタッフが登校に同行することにより，登校への抵抗が少しずつ減少したことで登校日数が増加した。在籍校を中心とした支援を行うことで学校復帰につながった。②のケースは，不登校状態が長期化しており，学校復帰を目標とした教育支援センター（適応指導教室）への通室につなげることを第1ステップとした。障害のある子どもや支援を必要とする子どもへのアプローチはスモールステップで展開していくことが重要である。③のケースは，中学生への支援であり，ひきこもり状態となっていた。本ケースは家庭訪問を実施し，子どものホームグラウンドに支援が入り込み，家族療法的なかかわりを展開した。その結果，子どものみでなく，保護者とかかわりをもつことができ，なおかつ親子関係を把握した支援を展開することができた。ひきこもりとなると支援を受ける側と行う側の両方に情報が入らず，支援を受けるまでに時間を要してしまう傾向がある。そのため，支援者側の情報発信を広報等で行う必要がある。

18）**不登校**：「何らかの心理的，情緒的，身体的若しくは社会的要因又は背景によって，児童生徒が出席しない又はすることができない状況（病気又は経済的理由による場合を除く）」文部科学省による定義。

19）**ひきこもり**：「様々な要因の結果として社会的参加（義務教育を含む就学，非常勤務を含む就労，家庭外での交遊等）を回避し，原則的には6か月以上にわたって概ね家庭にとどまり続けている状態」
厚生労働省「ひきこもりの評価・支援に関するガイドライン」2010.

> **事例12−2　連携の実際2**
>
> 小2女児：落ち着きがなく，友人とのトラブルも多い。社会性とコミュニケーション能力向上のため，フォロースタッフによる帰宅同行を実施する中で落ち着きが見られるようになった。

20）　アウトリーチ的な関わりとは，障害のある子どものもとへ支援者が直接訪問し，問題に対処すること。

21）　**教育支援セン ター**：不登校児童生徒等に対する指導を行うために教育委員会及び首長部局が，教育センター等の学校以外の場所や学校の余裕教室等において，学校生活への復帰を支援するため，児童生徒の在籍校と連携をとりつつ，個別カウンセリング，集団での指導，教科指導等を組織的，計画的に行う組織として設置したもの。
文部科学省「教育支援センター（適応指導教室）に関する実態調査」，2019.

　上記のケースは，不登校には至っていないが，コミュニケーション能力の課題から不登校予防的なかかわりを行った。不登校への対策は，不登校後の介入支援のみでなく，予防的なかかわりが重要である。障害のある子どもの場合は，学習支援や問題行動への支援が不登校予防につながる可能性がある。学習支援は，分からない学習単元を未修得状態にせず，子どもの状況に合わせた到達目標を設定し，修得に向けて学習意欲の維持・向上を目指す必要がある。また，通常学級での修得状況を客観的に保護者面談で伝え，WISC−Ⅳ等の知能検査の提案を行い，適正就学を促すかかわりが重要である。専門的な知能検査を提案する際は，担任教諭のみでなく，管理職やスクールカウンセラー等の複数での面接を実施し，役割分担することが重要と考えられる。今後は，特別支援学校の関係者が「子どもの心サポート事業」のメンバーに加わることにより，より地域密着型の支援体制が整備されると考えられる。

　渋谷区教育センターでは，義務教育段階の「子どもの心サポート事業」から連続的にかかわることのできる「若者サポート事業（義務教育を修了した子どもたちに対する支援）」を行っており，自治体での切れ目ない支援を展開している。若者サポート事業は，就労関係機関としての地域若者サポートステーション（p.122参照）と類似する機能をもち合わせており，またひきこもり支援等も実施している。小・中学校在籍時に不登校が長期化し，適応指導教室に通室し，卒業した生徒の長期的なフォローアップを行うことができることに意義があると考えられる。

4. 発達障害等のある子どもたちの学びを支える特別支援教育支援員

（1）特別支援教育支援員とは

　ここでは，教員ではない職員を活用することにより，特別な配慮を必要とする子どもの学びを支える仕組みとして，特別支援教育支援員を取り上げる。特別支援教育支援員（以下，支援員とする）は，クラス担任とは別に，教室に入って発達障害等のある子どもの学びのサポートを行う職員であり，子どもたちにとっては「もうひとりの先生」である。

事例12－3　もうひとりの先生

　4歳児クラスのA児は知的障害があり，園庭から教室に戻る，教室からトイレに向かうといった「移動」の途中で，動きが止まってしまうことがある。そんな時，そっと声を掛けてくれるのが支援員のB先生である。担任の先生が，他の子どもたちの対応で忙しい時も，B先生はA児に寄り添い，さりげなく次にやることを伝えてくれる。B先生は，担任の先生と連携しながらA児の園生活を支える「もう一人の先生」である。

　幼稚園，小・中学校，高等学校では，法令等により特別な配慮を必要とする子どもが，学習や活動に参加できるように，適切な配慮を行うことが求められている。

　障害の有無にかかわらず，すべての子どもが同じ場で共に学ぶインクルーシブ教育（保育）の実現において，大きな障壁になり得るのが，教員等の人的資源の問題である。担任は，特別な配慮を必要とする子どもの教育的ニーズを把握していても，目の前のクラス集団の対応に追われ，個別的な支援が後回しになってしまうことがある。

　支援員は，担任だけでは特別な配慮を必要とする子どもに対する個別的な支援が困難な場合に，クラス担任等の補助を担当する職員である。

（2）特別支援教育支援員の役割

　それでは，支援員は，特別な配慮を必要とする子どもの支援において，どのような仕事を担っているのだろうか。文部科学省は『「特別支援教育支援員」を活用するために』において，支援員に想定される役割について，次のように示している。

　支援員に想定される役割[22]

①　基本的生活習慣の確立のための日常生活上の介助。

②　発達障害の児童生徒に対する学習支援。

③　学習活動，教室間移動等における介助。

④　児童生徒の健康・安全確保関係。

⑤　運動会（体育大会），学習発表会，修学旅行等の学校行事における介助。

⑥　周囲の児童生徒の障害理解促進。

　①は食事，衣類の着脱，排泄の介助，②は子どもの安全確保や居場所の確認，黒板の読み上げや代筆，③は車いすの乗り降りの介助，④は他者への攻撃の防止やてんかんがある子どもの見守り，⑤は運動会での競技の誘導や修学旅行での移動の介助，⑥は支援を必要とする子どもに，友だちとしてできる支援や適切な接し方を伝える等が例示されている。なお，『「特別支援教育支援員」

22)　文部科学省，『「特別支援教育支援員」を活用するために』2007，pp.2-3.

を活用するために』が作成された2007（平成19）年度は，小学校と中学校が対象とされていたが，2009（平成21）年度からは，公立幼稚園にも財政措置されている。保育所や認定こども園においては，自治体が特別支援教育支援員と同じ役割をもった形で，補助員や介助員といった名称で独自に採用している場合もある。

　支援員に求められている役割は，クラス担任と連携しながら，食事，排泄，教室の移動補助等，学校における日常生活動作を介助したり，発達障害等の子どもに対して，学習活動上のサポートを行うことである。

（3）特別支援教育支援員の実際

　次に，支援員による特別な配慮を必要とする子どもの支援の実際について，知的障害があるC児（5歳児）の給食場面を取り上げて解説する。

事例12－4　活動への参加を支える

　給食の準備の時間。子どもたちは，配膳台の前に列を作り，担任の先生が盛り付けたお皿を受け取ると，自分の席まで移動してトレーに置いていく。C児も，汁物を受け取ると席に戻り始めたが，汁がこぼれないように注意を払う様子が見られず，自分の席とは関係ないところを眺めながら歩いている。そのとき，支援員の先生が，汁物がこぼれないように声を掛けながら，背後からそっと手を当てて，C児の席まで誘導する。

図12－3　そっと支える

　事例から，C児は担任の先生から受け取った汁物を，こぼすことなく自分の席まで運ぶことが難しい様子がうかがえる。特別な配慮を必要とする子どもは，「今，何をしたらよいのか」「次に何をするのか」といった場面や状況の理解が困難な場合がある。こうした困難さがある子どもは，戸惑って不安そうな表情を浮かべていたり，何をしたらよいのか分からずウロウロ動きまわっていたり，反対に非常にのんびりしているように見えることがある。

　事例のように，担任の先生がクラス全体の対応をしている時，代わりに支援員が，特別な配慮を必要とする子どもに今は何をする時間なのかを伝えたり，必要なことが一人でできないときに補助したりして，活動への参加を支える役割を担っている。

> **事例12−5　友だちとのやりとりをつなぐ**
>
> 　お当番さんと担任の先生が，給食室からみんなのご飯を運んでいる間，残りの子どもは食器を出したり，机を拭いたりして，待っている。隣に座っていた友だちがD児に話し掛けるが，D児は働き掛けに応じない。そのとき，隣にいた支援員が友だちに「Dちゃんは○○なんだってー」と，D児の想いを代わりに伝える。

図12−4　つなげる

　D児は言語の発達がゆっくりで，まだ友だちからの働き掛けに言葉で応じることが難しい。D児からの返事がないと，友だちは無視されたと感じて，嫌な気持ちになってしまうかもしれない。こうした場面において，支援員はD児の状況を汲み取り，代わりにD児の想いを友だちに伝えていた。

　特別な配慮を必要とする子どもは，友だちからの働き掛けに応じたり，自分の想いを言葉で伝えたりといったコミュニケーション面に難しさを示す場合がある。この事例では支援員は，特別な配慮を必要とする子どもの代弁者となり，友だちとの関係をつなぐ役割を担っている。

> **事例12−6　適当なモデルを示す**
>
> 　E児が給食を食べ始めると，支援員も「いただきます」といって一緒に食べる。E児に話し掛けたり，他の友だちと話したりしながら，楽しそうに昼食を食べている。E児は，支援員に直接的には働き掛けることはないものの，時々，ご飯を食べる支援員の様子を見ている。

図12−5　モデルになる

　この事例で，支援員はE児に活動への参加を促したり，気持ちを代弁したりする直接的な援助だけでなく，クラスの一員として他の子どもたちと一緒に昼食を食べるという行動を通して，いつもE児の隣でモデルを示してくれる存在になっている。

　その後，支援員による様々な働き掛けにより，E児は一日の園生活を通して，隣の友だちがしていることに興味をもち，同じことをしようとする姿が頻<ruby>繁<rt>ぱん</rt></ruby>にみられるようになった。まだ言葉によるやりとりを通して学ぶことが難しいE児にとって，近くにいる友だちのしていることに関心を寄せ，真似をして

みることは，重要な学びの機会になっていると思われる。

　支援員の役割の実際について，① 活動への参加を支えること，② 友だちとのやりとりをつなぐこと，③ 適切なモデルを示すこと，の3つを例示した。ここでは，幼稚園の給食場面を取り上げたが，場面や状況によって支援員が担う役割は異なっている。さらに，小・中学校，高等学校では，授業の補助や移動の介助が中心になる等，施設・学校種によって支援員が担う役割は多様である。

（4）特別支援教育支援員の課題

　このように支援員は，特別な配慮を必要とする子どもの日々の生活や学習において重要な役割を担っている。一方，支援員が制度上明確に位置付けられてから10年以上が経ち，いくつかの課題も指摘されている。そこで最後に，支援員の一層の有効な活用にむけて，現在の課題と今後の展望を述べる。

　第1に，支援員の任用や研修のあり方である。現在，支援員の任用に一律の基準はなく，応募資格も「教員免許状を有すること」「特別支援教育対象の子どもへの対応に経験を有する者」等，自治体により様々である。また，研修の必要性は指摘されているものの，各自治体が支援員を対象として行う研修は必ずしも十分に体系化されたものではない。今後，支援員の研修に積極的に取り組んでいる自治体の研修内容等を参考にして，より質が高く，効果的な研修内容の作成が求められる。

　第2は，指導や支援にかかわる情報の共有化の課題である。多くの幼稚園，小学校，中学校，高等学校では，特別支援教育にかかわる園内委員会や校内委員会等が設置されており，そこで特別な配慮を必要とする子どもに対する支援の基本的な方向性が共有されている。また，個別の指導計画等の作成や活用に複数の教員が携わり，指導目標や指導内容・方法を計画したり見直したりする機会がもたれることもある。しかしながら現在，ほとんどの支援員が非常勤の雇用形態のため，こうした情報を共有する機会の確保が難しい。特別な配慮を必要とする子どもの支援を組織的・計画的に行うためには，担任等との共通理解が不可欠であり，今後，支援員が指導や支援にかかわる情報共有を行う機会の確保が求められている。

　第3に，第2の課題と関連して，担任と支援員との連携のあり方である。特別な配慮を必要とする子どもへの支援に責任を負っているのは，基本的にクラス担任等であり，その補助をすることが支援員の基本的な役割である。支援員が前面に出すぎてしまい「どちらが担任なのか分からない」といった状態は好ましくない。支援員が具体的にどのような役割を担うのかについては，子ども

の障害特性や状態，保護者の願い，担任の考え等によって様々であり，事例によって個別に決定するものである。幼稚園，小学校，中学校，高等学校が支援員の具体的な活用について明示するとともに，支援員は示された役割をしっかりと把握し，担任等との連携の下で支援に携わることが求められている。

　そして最後に，支援員とクラス全体との関係である。これまで述べてきたように，支援員は，基本的には特別な配慮を必要とする子どもの補助を行う職員である。しかし，きめ細かな支援を行おうとするあまり，特定の子どもに張り付きすぎてしまうと，支援員が特別な配慮を必要とする子どもを囲い込み，他の子どもとのかかわりを結果的に阻害したり，クラス全体の対応とかけ離れて孤立したりしてしまうこともある。支援員は，他の子どもたちとのかかわりにも気配りしながら，特別な配慮を必要とする子どもの支援を進める姿勢が大切である。

演習課題

課題1　住んでいる自治体にどのような専門機関があるだろうか。またその専門機関の役割や機能を調べてみよう。

課題2　就学前施設での実習や教育実習先において，実際に連携している専門機関をまとめてみよう。

課題3　教員ではない職員の活用による支援について調べてみよう。

コラム　現役の支援員（補助の先生）へのインタビュー

　認定こども園で活躍している現役の支援員の先生に，Q＆A形式のインタビューを行いました（認定こども園には，厳密には「特別支援教育支援員」は配置されませんが，同じ役割を担う職員として紹介します）。

Q　はじめに，勤務日数，勤務時間を教えて下さい。

　非常勤ですが，平日は毎日出勤しています。勤務時間は担当しているお子さんが園にいる時間に合わせています。今は月・火曜日が9時から14時，水・木・金曜日は9時から16時15分までです。家庭と両立しやすくて，働きやすいです。

Q　どのような支援を行っているのか教えて下さい。

　主に5歳児のお子さんの支援に入っています。まずは，基本的な生活習慣にかかわることです。朝，登園したら，ロッカーにカバンをしまう，コップを出す，お便り帳にハンコを押す，水筒を出すといった決まり事を支援します。トイレの介助は，おしっこの拭き方や，使い終えたトイレットペーパーを「バイバイ」することを伝えています。年度のはじめは，決まったトイレでしかおしっこをしなかったのですが，空いているトイレなら，どこでもよいことを教えました。

　また，安全面の支援も大切です。支援しているお子さんは，少し無謀というか，危険なことをしてしまうことがあります。ジャングルジムのてっぺんまで登って飛び降りようとしたりとか，ブランコの前や後に飛び込んでしまったりとか。「10数えたら交代ね」と座って待つことを繰り返し伝えたら，待てるようになってきたと思います。あと，最近は砂を口の中に入れたりすることがあるので，園庭で遊ぶときは目を離さないようにしています。

Q　うれしかったこと，大変だったことを教えて下さい。

　うれしかったことは，毎日かかわるうちに，担当しているお子さんが，心を許してくれて，においを嗅いだりするようになってくれて，うれしかったです。あとは，自分でできることが増えていることも，やはりうれしいです。この後，声を聞くのが楽しみです。

　大変なことは，気分が乗らない時，そのあたりの意思疎通が難しかったです。ようやく，リズムが分かってきた，という感じでしょうか。あとは，友だちとの関係です。友だちに「何でできないの」「何で喋らないの」と聞かれるから，私から「今，頭の中で貯めて，これから喋れるようになる準備だから，たくさん話し掛けて上げてね」と伝えています。今は，みんな自然に話し掛けたり，手伝ったりしてくれています。

　　　　　　　　　　（取材協力　幼保連携型認定こども園　明和幼稚園　青木真由美先生）

第13章

多様な支援を必要とする乳幼児，児童及び生徒の把握や支援

2007（平成19）年度から「特別支援教育」が学校教育法に位置付けられ，障害のある子どもの教育的支援を充実していくことが確認されたが，そこで対象とされている障害のほかにも特別な配慮を必要する状態にある子どもたちがいる。本章では，日本とは異なる文化的背景をもつ子どもや，生まれもった身体的な性別に違和感をもつ子ども等への理解を深め，どのような支援が求められているのかについて考える。

1. 母語の問題等により特別の教育的ニーズのある幼児，児童及び生徒の理解

母語[1]の問題等による特別の教育的ニーズには，外国籍等の子どもに対する日本語指導だけでなく，国際結婚の家庭の子どもや海外で育った日本人子女への学習面，生活面にわたる支援が含まれ，またそれらの支援は本人の母語や母文化を尊重した上で行われる必要がある。

（1）外国籍等により多様な文化・言語的背景をもつ子ども

グローバル化により国境を越えて人や情報が行き交う現代，日本においても様々な国や地域にルーツをもつ人びとが多く暮らしている。厚生労働省によれば，2018（平成30）年10月末に日本で働く外国人は約146万人で過去最高を記録している[2]。また文部科学省の調査によれば，2018（平成30）年5月1日現在に日本の公立学校に在籍し日本語指導が必要な子どもは，外国籍及び日本国籍の子ども合わせて約5万人（図13-1，図13-2）で，10年間で約1.5倍に増加しており，対象児童生徒の母語や主な使用言語もポルトガル語，中国語，フィリピノ語，スペイン語，日本語，その他多岐にわたっている[3]。

これらの子どもには，日本語をほとんど話せない者から，日常生活におけるコミュニケーションに大きな支障はないものの，日本の学校で授業を受けて，それを理解したり複雑な内容のやり取りを行うには日本語能力が十分ではない者まで含まれる。対象となる子どもは，日本に定住する，あるいは保護者の転勤等で日本に滞在する外国籍の子ども，国際結婚により保護者の一方が外国に

1） その人が乳幼児期に身近な人々から自然に習い覚えた言語。たとえ母語が日本語であっても，複雑な内容や学校における学習内容を理解するには必ずしも十分ではない場合がある。

2） 厚生労働省「『外国人雇用状況』の届出状況」2018.
なお2019（令和元）年6月末における，永住者や留学生，技能実習生等の在留外国人の総数は，出入国在留管理庁の統計によれば282万9,416人で過去最高となっている。
出入国在留管理庁「新たな外国人材の受入れ及び共生社会実現に向けた取組」2019.

3） 文部科学省「『日本語指導が必要な児童生徒の受入状況等に関する調査（平成30年度）』の結果について」2019.

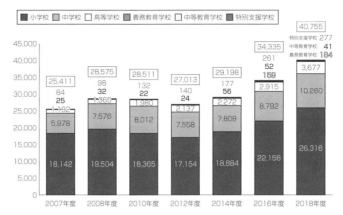

図13－1　日本語指導が必要な外国籍の児童生徒数

出典）　文部科学省「『日本語指導が必要な児童生徒の受入状況等に関する調査（平成30年度）』の結果について」2019.

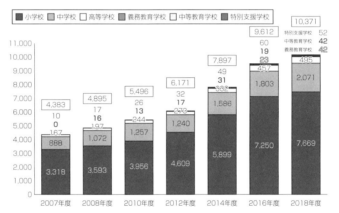

図13－2　日本語指導が必要な日本国籍の児童生徒数

出典）　文部科学省「『日本語指導が必要な児童生徒の受入状況等に関する調査（平成30年度）』の結果について」2019.

ルーツをもつ家庭に育つ子ども，また保護者の海外勤務等により一定期間外国で過ごして帰国した日本国籍の子ども等，多様で，家庭内で使用する言語についてもケースにより様々である。

（2）多様な文化・言語的背景をもつ子どもとその家庭のかかえる課題

1）言葉の問題

　まず，言葉の問題があげられるだろう。日本語を思うように話せない子どもは，周りの子どもとのやりとりで誤解やすれ違いを生じやすく，特に集団生活や友だち関係でストレスやトラブルをかかえやすい。これは，単に語彙が少ないために言いたいことを十分伝えられなかったり言われた内容を正確に理解す

るのが難しいというだけではない。それよりも，言葉でのコミュニケーションで前提となっている日本の文化や習慣に関する基本的な知識や経験が共有されていないということに目を向ける必要がある。例えば「お相撲さんみたい」という表現について考えてみよう。「お相撲さん」の辞書的意味は「相撲を取ることを職業とする人」であるが，私たちが日常会話の中で「お相撲さん」という言葉を使う時，力持ち，体が大きい，四股を踏む，厳しいけいこに耐えるといったイメージを共有している。あるいは日本の国技であることから伝統的で，年代を問わず皆が知っていて親しみをもっている，という認識が前提となっているだろう。しかし，これらのイメージが共有されていない場合，「お相撲さんみたい」という表現により相手方に伝えられる意味は大分異なるものになるだろう。教育者（小学校・中学校・高等学校・特別支援学校等の教諭をいう）・保育者（幼稚園教諭，保育士，保育教諭をいう）が多様な文化・言語的背景をもつ子どもに対し働き掛けを行い，子どもから期待するような反応が得られない場合，日本語が分からないからだろうと考えるだけではなく，その働き掛けを理解するのに必要な基本的知識や経験が不足している可能性についても合わせて考慮する必要がある。また，家庭では母語を，学校（小学校・中学校・高等学校・特別支援学校等をいう）や就学前施設（幼稚園，保育所，認定こども園をいう）では日本語を使用するといった言語環境や，日本で暮らし始めた年齢，暮らしている年数によっては，子どもがどちらの言語も十分に獲得していないケースがある。その場合，考える道具としての言葉が十分に機能しないことで，思考力の育ちにも影響する可能性がある。さらに，外国籍等の子どもで学習面の遅れや不登校といった不適応の状態が長期間続く場合に，その原因が必ずしも言語や環境によるものではなく，軽度の発達の遅れや偏りといった個人の発達的要因が背景にある場合もある。そのことから，早い時期に専門家と連携し，適切に状況を見極めることで，早期から有効な支援・介入が可能となり，不適応の状態の改善につなげられる場合がある。

2）家庭状況の問題

　多様な文化・言語的背景をもつ子どもをめぐっては，言語のほかに家庭状況に関連する次のような問題が指摘される。一つめは，保護者が日本語や日本文化，生活習慣を十分理解していないことにより，家庭と就学前施設や学校との意思の疎通が難しい場合があることである。学校や就学前施設の担当者が，保護者に子どもの様子や生活・学習上の課題を伝えたり，行事や準備物に関する連絡をする場合，内容が正確に伝わらないと子どもの生活にも大きな支障が出る。二つめは，保護者の離婚や保護者の一方が外国で暮らしているといった事

4）　厚生労働省「平成28年度全国ひとり親世帯等調査結果報告」2017.

5）　田中稲子「外国籍等の子どもの貧困問題にみる多文化共生への課題」学術の動向，22（10），2017，pp.34-38.

6）　文部科学省「海外子女教育，帰国・外国人児童生徒教育等に関する総合ホームページ（CLARINET）」

7）　**国際教室**：日本語指導が必要な子どもに対し，日本語指導担当教員や支援員が主に取り出し指導により日本語や教科，生活適応の支援等を行うために開設される教室。

8）　**取り出し指導**：子どもが在籍する学級以外の教室で指導を行うことを「取り出し指導」という。また，児童生徒が在籍する学級での授業に日本語指導担当教員等が入って支援する「入り込み指導」も行われている。

情から，日本において一人で子育てをしている等，不安定な家庭状況にある場合である。我が国において，ひとり親家庭（特に母子家庭）の平均年収は低く4），経済的に苦しい生活を送らざるを得ない家庭も多いが，2015（平成27）年に生活保護を受けた日本国内のひとり親家庭の割合は，ほとんどの外国籍のひとり親家庭で日本国籍の場合より受給率が高く，特にフィリピン籍のひとり親家庭の割合が高い5）。その他にも，製造業で非正規雇用で働いていたり，また失業する等，常に就業状況が不安定で貧困状態にある場合があり，そのような状況では子どもとの対話時間も少ない傾向にあることや，さらに何らかの理由で本国へ帰省することもあるため，子どもが学校や就学前施設を長期間欠席することを余儀なくされることもある。こうした生活状況は言葉や習慣の問題と相まって，子どもの学習意欲や就学前施設・学校への適応に影響したり，長期的な視点をもって将来への展望を描くことをしづらくすると考えられる。

（3）多様な背景をもつ子どもの教育的支援

1）教育施策と学習上の支援

　我が国では，日本国籍をもつ子どもに対しては日本国憲法第26条，教育基本法第5条により9年間の義務教育が規定されているが，外国籍の子どもに対しては就学義務が課せられていない6）。しかし児童の権利に関する条約第28条では，全て子どもに初等中等教育の機会が保障されることは子どもの権利であるとしており，日本でも当事者が希望する場合は日本人の子どもと同様に義務教育を受けることができる。外国籍等の子どもの教育に関する具体的施策としては，日本語指導のための加配教員の配置や教員研修，カリキュラム開発等を行っており，公立小学校等では日本語指導の必要な子どもは，国際教室7）や日本語指導教室で取り出し指導8）や日本語指導，生活や教科学習に関する支援を受けることができる。日常会話が流暢であっても必ずしも教室での教科学

写真13－1　国際教室の様子

注）間仕切りの本棚の向こうには畳が敷き詰めてあり，靴を脱いで上がる等日本の習慣を学べるスペースとして活用されている。

写真13－2　国際教室内の畳のコーナー

習がスムーズに行えるわけではなく，「学習言語」といわれる言語力（語彙や文法的知識とともに言葉の背景にある情報を合わせて意味を読み取っていく力）が主に学童期以降には求められるため，教科学習につながる日本語指導を意識して，指導を段階的に行う必要がある。また，取り出し指導は個々の子どもに合わせたきめ細かい指導ができる反面，そればかりになっても他の教師や大勢の子どもたちとの様々なやりとりを通した学びが制限されることもあるため注意が必要である。

　一方，教育者・保育者は，外国にルーツをもつ子どもにとって日本語の習得や日本の学校等への適応は大切であるが，同時にその子どもが母語を習得することや母文化の尊重も重要であることに留意する必要がある。子どもが母語を話せなくなるということは，子どもと保護者とのコミュニケーションが断たれることを意味する場合もあるからである。さらに外国籍等の子どもを学校や就学前施設へ広く受け入れることは，異なる文化を認め合い共に生きるという多文化共生と異文化理解の観点からも重要である。日本の子どもが外国籍等の子どもの母語や母文化に触れることで，互いの違いを知り，それを認め合い共に育ち共に学ぶ機会としていくことには，一定の教育的意義が見出せよう。

2）保護者への支援

　母語の問題等により特別の教育的ニーズのある子どもに関しては，その家庭に日本語を話さない多くの保護者の存在が推定される。保護者にとって学校や就学前施設とのかかわり，すなわち教育者・保育者とのコミュニケーションは，子どもとその家族が日本に適応することにおいて大きな役割をもつ。つまり，外国籍等の子どもたちの教育的支援は，保護者への対応を含めて考える必要がある。

　まず，言葉の問題等により学校や就学前施設からの連絡が家庭にうまく伝わ

図13－3　国際教室のプレート
注）この学校では3か国語で表示されている。

図13－4　コミュニケーションの補助ツール
注）タブレット端末や翻訳機器，各国語の辞書を日々活用しながら日本語の学習や教科学習を行う。

9）　例えばポケトーク（POCKETALK），ソースネクスト社。

10）　例えばグーグル翻訳（Google 翻訳）。Google 社が提供する翻訳サービス。スマートフォンにダウンロードする等して使用できる。

11）　例えばボイストラ（VoiceTra），情報通信研究機構。

12）　「外国人児童生徒受入れの手引 改訂版」（文部科学省，2019）では，受入れに際し学校は地域の住民やボランティア等と連携するとしている。
　例えば地域在住の通訳者や国際交流に関連する団体等を通して国際教室の支援者の紹介を受けることが考えられる。

13）　日本保育協会『保育の国際化に関する調査研究報告書–平成20年度–』2008.

14）　日比谷潤子・平高史也編著『多言語社会と外国人の学習支援』慶応義塾大学出版会，2005，p.76.

らない場合であるが，教育者・保育者は，折をみて保護者と顔を合わせ，よくコミュニケーションをとり信頼関係を構築することが欠かせない。直接話す機会をつくることが難しくても，電話等での連絡でもよい。子どもの様子，遠足や運動会といった学校行事，準備物や購入物のお知らせ等を伝える際，写真や絵を用いて視覚化することもよいだろう。日本語がある程度読める場合は，漢字にふりがなを振ったり，子どもが日本語の学習が進んでいれば子どもにふりがなを振ってもらうのもよい。また近年コミュニケーションの補助ツールも多数開発されている。例えば音声を入力すると他の言語に翻訳してくれる携帯式AI 通訳機[9]，書かれた文字を認識して翻訳結果を表示する翻訳アプリ[10]，音声で入力すると翻訳して音声で提示してくれる多言語音声翻訳アプリ[11] 等も提供されており，スマートフォンやタブレット端末を用いて保護者とコミュニケーションを図るだけでなく，国際教室を利用し始めたばかりの子どもとのやり取りでも活用することができる。

　日本語が十分に話せないことに加え，家庭状況が不安定である場合は，保護者が子どもの将来について具体的な見通しをもつことが難しく，特に受験を含めた日本の学校制度をよく知らない場合，進路選択への不安は大きい。小学校から中学校への進学を例にとれば，中学生になると制服で通学する，持ち物が細かく指定されているといった生活面から，教科ごとに専門の教師が授業を担当する教科担任制，高校受験を前提とした学習内容であること等の教育制度の面まで，小学校とは異なる中学校独自の点が多くある。それらについて小学校の教師は，国際教室の保護者に対象を絞った保護者会や個別面談を早い時期から行う等して情報提供を行い，子どもと保護者が先を見通して生活できるよう支援することが大切である。また高校進学は，将来の自立と安定した生活に直結するとても重要な局面であることから，中学進学以前から見通しをもてるよう情報を提供しておく意義は大きい。

　その他，支援対象者の母語を話せる母語話者を，通訳等を行う支援者として活用する等[12]，地域の他機関，他部署と連携し，情報や提供する支援を積極的に活用することが大切である。

３）乳幼児期の子どもの支援

　全国の自治体を対象とした，外国人の保育への対応状況に関する調査では，外国人を保育する上での課題として，言葉や文化の違いによる意思疎通，食事，行事や持ち物の連絡等に関する難しさが多く報告されている[13]。仙台市の公立保育所に対する調査研究[14] では，保育所と外国籍の子ども及びその保護者との間で問題が最も多く生じるのは入所時とされ，言葉の問題による意思疎

通や書類の記入に関する困難さが指摘されている。一般に子どもの言語適応は早く，一定の時間が経つと話せるようになるため，やさしい言葉を使い１対１で話す，注意や禁止は母語で伝える等の対応を行いながら園生活への適応を促す。一方，詳しい内容のやりとりが難しい保護者に対しては，ジェスチャーや実物，写真，補助ツール（携帯式ＡＩ通訳機や翻訳アプリ）等を用いてコミュニケーションを図るようにする。

また同研究では，生活上の出来事で文化差が浮き彫りになった事例として，薄着の習慣をあげている。日本では，排泄時の衣類の着脱のしやすさや活動時に体の動きを妨げないことへの配慮，あるいは子どもの体温調節機能の未熟さへの対応のため[15]，薄着が推奨されることも多いが，日本語を母語としない子どもではほとんどの保護者が厚着の意向をもっていたという[16]。筆者の経験においても，外国出身者から，日本の保護者が冬でもなるべく子どもが厚着にならないよう心掛ける様子を，「寒いのになぜもっと厚着をさせようと思わないのか」と不思議がられたことがある。このような場合，保護者の意向を踏まえた上で日本の習慣を丁寧に説明し，柔軟に対応していく必要がある。

以上のように，外国籍等の子どもの家庭には，言葉や習慣の問題，複雑な家族関係，母国と日本の往来等，生活環境の安定を保ちにくくする要因が少なくない。その中で学校や就学前施設は，外国籍等の子どもと家族が地域に生活基盤を築く過程において，日本の社会とつながるための数少ない連絡口として大きな役割を果たすことは疑いない。その一方で，個々の家庭に対し，どこまで支援を行うべきか線引きが難しい面もあり，直接支援にかかわっていない教育者・保育者も含めて協議しながら，ケースごとによりよいかかわりを考えていくことが重要である。

2. 障害はないが，学習上または生活上の困難があり，組織的な対応の必要な幼児，児童生徒への理解と支援

「性同一性障害に係る児童生徒に対するきめ細かな対応の実施等について」が文部科学省より2015（平成27）年に出された。この通知は，性自認[17]に関する問題について，学校現場において丁寧で具体的な対応を求めるものである。LGBT（性的少数者の総称）という言葉や，それがいじめや不登校の原因にもなりうることは徐々に知られるようになってきているものの，学校現場での理解と対応はいまだ手探りの状態といえる。

15) 例えば，兵庫県医師会「保育所・幼稚園における健康管理マニュアル」を参照。

16) 前掲書13），p.77.

17) 自分自身による性別の認識。

（1）トランスジェンダーと性同一性障害（性別違和）

　LGBT とは，「lesbian レズビアン」「gay ゲイ」「bisexual バイセクシュアル」「transgender トランスジェンダー」のそれぞれの頭文字をまとめたもので，性的指向と性自認についての性的少数者の総称である。性的指向とは，どの性の人を性愛の対象とするか，あるいは好きになるかという問題で，LGB (lesbian, gay, bisexual) はそれぞれ女性をその対象とする女性（レズビアン），男性をその対象とする男性（ゲイ），異性も同性も対象とする人（バイセクシャル）を指す。それに対し性自認とは，自分自身の性別を「男性である」「女性である」「男性でも女性でもない」等，自身による性別の認識である。多くの場合その認識と身体的な性別は一致しているが，このいわば心の性と身体の性が一致せず違和感をもつ人をトランスジェンダーという。そして，その状態に苦痛を感じており，治療や支援を必要とする場合に，性同一性障害（性別違和）と医師により診断される。

　本節では，学習上または生活上の困難があり，組織的な対応の必要な幼児，児童生徒について述べるにあたり，診断の有無にかかわらず，性自認に違和感をもつ人としてトランスジェンダーの用語を用いることとする。

（2）学校等における LGBT の子どもの状況

　「LGBT の学校生活に関する実態調査（2013）結果報告書」[18] によれば，同性に惹かれることや自分の性別への違和感について，LGBT の子どもの3～5割の人は高校卒業まで誰にも話せず，話した人でも話した相手は友人が多く，保護者や先生には特に話しづらいと回答している。また長期にわたる深刻ないじめ，言葉による暴力や身体的な暴力を受けていた割合も高い。LGBT の子どもは周囲の理解不足や偏見からいじめやからかいの対象となりやすく，不登校や自殺につながる率も LGBT でない人と比較して高いことが明らかにされている[19]。

　教育現場では，本節の冒頭で述べたように，文部科学省からの通知が出され，2016（平成28）年には教育現場での対応についての教職員向けの手引きも作成された[20]。しかし，性に違和感や迷いを感じる子どもの対応について教育者の側は，そのような子どもに出会ったことがない等の対応の経験の少なさや知識・情報の不足から，実際に支援するのは難しいと感じていることが多いという現状もある[21]。その中で，LGBT に関連するいじめ等の問題が，教師の理解不足や不適切な対応により引き起こされ，あるいは助長される可能性があり，子どもの命にかかわる深刻な状況につながりうることを認識する必要があ

18）　いのちリスペクト。ホワイトリボン・キャンペーン「LGBTの学校生活に関する実態調査（2013）結果報告書」2014.

19）　葛西真記子編著『LGBTQ＋の児童・生徒・学生への支援』誠信書房，2019, p.10.

20）　文部科学省「性同一性障害や性的指向・性自認に係る，児童生徒に対するきめ細かな対応等の実施について（教職員向け）」, 2016.

21）　安川　優・門田　文,「『性の違和感や迷いを感じる児童生徒』に関する学校の現状」大阪教育大学紀要 V 部門，64（1），2015, pp.99–115.

2．障害はないが，学習上または生活上の困難があり，組織的な対応の必要な幼児，児童生徒への理解と支援

る。その上で，教師等は LGBT に対する正確な知識をもち，当事者の子ども
から相談を受ける等した場合に適切に対応できる技量が求められる。

（3）対応における配慮事項

LGBT の子どもへの対応で教育者・保育者に求められることは，よき理解者
となり，子どもに寄り添い，子どもの不安や悩みを受け止める姿勢である。子
どもから性別の違和感等を打ち明けられたら，話してくれたことを真剣に受け
止め，子どもの言うことに温かい関心を向けることである。本人から言い出す
前に聞き出そうとすることは控え，相談されても本人の許可なしには，たとえ
保護者であっても他者に伝えないようにすることも子どもとの信頼関係を保つ
ために重要である。

日々の生活において配慮が求められる場面は，服装，名前の呼び方，トイレ
や更衣室の使用，水泳，宿泊を伴う活動に関するもの等，幅広い。いずれにお
いても，子どもの気持ちに寄り添った個別の対応を検討することが求められる
（表13−1）[22]。

日々何気なく口にする言葉も顧みる必要があるだろう。LGBT 当事者を傷
つける表現として，性別に関することで決めつけるような，あるいは差別的な
呼称等があげられる[23]。子どもは，悪意はないがふざけてこのようなことを言
う場合があるが，大人でも無意識にこれらの言葉を口にすることはないだろう
か。教育者・保育者は，多様性のある他者を尊重するため，人を不快にしたり

[22] 文部科学省『性
同一性障害に係る児童
生徒に対するきめ細か
な対応の実施等につい
て』（27文科初児生第
3号）別紙，2015.

[23] 「男のくせに泣
くな」「女の子らしく
しなさい」，あるいは
「オトコオンナ」「オカ
マ・オネエ」等の表現
は不適切で，慎まなけ
ればならない。

表13−1　性同一性障害に係る児童生徒に対する学校における支援の事例

項　目	学校における支援の事例
服　装	・自認する性別の制服・衣服や，体操着の着用を認める。
髪　型	・標準より長い髪型を一定の範囲で認める（戸籍上男性）。
更衣室	・保健室・多目的トイレ等の利用を認める。
トイレ	・職員トイレ・多目的トイレの利用を認める。
呼称の工夫	・校内文書（通知表を含む。）を児童生徒が希望する呼称で記す。 ・自認する性別として名簿上扱う。
授　業	・体育又は保健体育において別メニューを設定する。
水　泳	・上半身が隠れる水着の着用を認める（戸籍上男性）。 ・補習として別日に実施，又はレポート提出で代替する。
運動部の活動	・自認する性別に係る活動への参加を認める。
修学旅行等	・1人部屋の使用を認める。入浴時間をずらす。

出典）文部科学省「性同一性障害に係る児童生徒に対するきめ細かな対応の実施等について」（別紙），
2015.

人が傷つく言葉を使うべきではないことを子どもたちに伝える必要がある。そして何より，大人がまずそのような言葉を無自覚に使うことのないようにすることが大切である。また，LGBT に関連する話題をただ避けるのではなく，日頃から LGBT について自然な形で話題にしたり，子どもの年齢に応じた内容の書籍や冊子，掲示物等を教室に導入し，情報に触れられるようにすることもこれからは必要な対応であろう。

（4）幼児期における性自認等の問題と配慮について

24)　遠藤まめた「子どもの LGBT への支援を考える」こころの科学，182，2016，p.51.

25)　中塚幹也『封じ込められた子ども，その心を聴く−性同一性障害の生徒に向き合う−』ふくろう出版，2017，p.50.

26)　前掲書25)，pp.55–58.

　　幼児期の子どもを対象とした LGBT に関する調査や研究はほとんど見当たらないが，生まれたときの体が女性である性同一性障害当事者の84％が小学校低学年までに生物学的な性別への違和感を自覚したとの調査結果や[24]，性同一性障害（性別違和）当事者の約6割が小学校に入学するまでに性別違和感を自覚していたとの報告もある[25]。それらの違和感については，例えば子どもの頃にスカートをはくのを嫌がった，いつか男の子になれると考えていた等の具体的なエピソードとして当事者（心は男性，身体は女性）により語られている。また，人知れず母親のスカートをはいてみた，女児向けのグッズを持っていることをからかわれたことから「自分の気持ちを隠さねばならない」と思った，といったエピソード（心は女性，身体は男性の当事者）も示されている[26]。幼児期における「自覚」の内容や程度には大きな個人差があると考えられるが，これらの報告から，のちに性自認に関する苦悩をもつことになった人の相当数が，かなり小さい時からすでに何らかの違和感をもっていると考えることができるだろう。

27)　社会において，歴史的・心理的・文化的に形成される男女の差や，社会的に要求される男女の役割等の社会的性差のこと。あるべき男（女）性像等。時代や文化により異なる。

　　幼児期は，生きることや相手を思いやることの大切さを伝えるため，生命の誕生や男女の体の違いといった話題を通して性が扱われることは多い。その一方で，就学前施設の日常において，無意識に「男の子らしさ」「女の子らしさ」を求めるようなジェンダー[27]に基づく働き掛けをすることはないだろうか。例えば，生活発表会の演目で，男児は剣をもって勇ましい遊戯，女児はフリルのついた衣装を着て愛らしい遊戯に取り組むことや，「男の子なのに泣かないで」，「女の子なのだからかわいらしく」といった周囲からの声掛け等である。これらのほとんどは特定の意図があって発せられるものではないが，保育者をはじめ大人のこうした言動は，自分自身の性別への違和感をもち始めた子どもを知らず知らずのうちに否定することにもなりかねず，また積み重なって子どもたちのジェンダー意識の形成にも影響していくだろう。

　　保育に携わる者として，性の問題は幼児には関係がないと考えるのではなく，性同一性障害や性的指向・性自認に関する正しい知識をもち，保育者や教

2. 障害はないが，学習上または生活上の困難があり，組織的な対応の必要な幼児，児童生徒への理解と支援

育者自身が性の多様性を認め，すべての子どもがその子らしくあることを大切
にしていく姿勢が求められよう。

演習課題

演習1：母語の問題等により特別の教育的ニーズのある子どもに対し，スマー
トフォン等の電子機器を使ってコミュニケーションや学習を行うこと
のメリットとデメリットをあげて話し合ってみよう。

演習2：外国籍の子どもの保護者から，病院へ行きたいので付き添ってほしい
と言われました。あなたはどのような対応をしますか。他の人の意見
も聞いてみよう。

演習3：年長組のある女児は，服装や振る舞いが男児のようです。この子ども
を保育する際の心構えや接し方を話し合ってみよう。

学習から生活にわたる支援と連携
―ブラジルから来たA君の事例を通して考える―

　小学校低学年の時にブラジルから母親と二人で来日したA君は，スポーツの好きな少しやんちゃな男の子です。祖父母は若い頃に仕事を求めて日本からブラジルへ移住した移民とのことでしたが，ブラジルで暮らしていた頃，A君の家族は家庭でも学校でも現地の言葉であるポルトガル語を使っていたため，A君は日本語や日本文化にほとんどなじみがありませんでした。

　日本の小学校では国語と算数の時間に国際教室で支援を受け，徐々に日本語が上達して友だちともよく遊ぶようになりましたが，言葉が自由になり関係が近くなった分，本音で思いをぶつけあうことでトラブルが増え，学校へ足が向かなくなりました。日常会話ができるようになっても授業には全くついていけなかったことから，先生たちは知的発達の遅れがあるかもしれないと考えました。

　担任の先生は，A君の学習や生活状況について母親と意見交換をしたいと思い，たびたび連絡をとりましたが，日本語をあまり話せない母親と電話で詳しい状況を話し合うのは困難でした。また母親は，経済的に苦しい状況の中，少しでも収入を増やすために夜遅くまで働いており，休暇をとることも難しいため，学校へ相談に来ることもなかなかできません。

　母親が深夜に帰宅するまでの間，A君は家に一人で過ごしており，学習面や学校適応のほか生活面でも，偏った食事や一人でいる時間の過ごし方等について心配な状況でした。

　このような中，A君の担任はまず，学校生活を楽しめるようになるには学習面の支援が重要と考え，学校の特別支援学級担当者らと相談し，学習が捗らない理由を検査等により探ることを母親に提案しました。本人と母親の同意を得てスクールカウンセラーによる面談や検査を行った結果，知的障害はないものの，教科学習の背景となる能力に得意な部分と苦手な部分があり，その差が大きいことが分かりました。そして，担任や国際教室の担当者が，効果的な援助や支援方法について，スクールカウンセラーからアドバイスを受け，実践したところ，A君の成績が少しずつ伸び始めました。

　一方，生活面について学校は，母子家庭であるA君の家庭の相談支援を担当する市の職員と連絡を取り，母親への相談の際にA君と過ごす時間を増やすことの大切さと仕事の時間帯を調整することを話題にしてもらいました。この時，母親と同じブラジル出身の別の保護者に通訳等を頼むことができたことは幸いでした。母親はその後，会社に仕事のシフトの変更を申し出て認められました。

　学校は主に子どもの学習面をサポートする場ですが，外国籍等の子どもの場合は生活面も含め，担任，国際教室担当者，校長等の管理職が校内連携していきます。さらに，必要に応じて学校外の支援者等とも連携しながら総合的に適切な支援をすることで，子どものよりよい適応をサポートしていくことができるのです。

索引

編著者 〔執筆分担〕

咲間まり子 （さくま まりこ）　東京純心大学現代文化学部 教授　第1章

著者（五十音順）

浅川 茂実 （あさかわ しげみ）　武蔵野短期大学幼児教育学科 准教授　第8章

池田 法子 （いけだ のりこ）　足利短期大学こども学科 講師　第11章

伊藤 陽一 （いとう よういち）　十文字学園女子大学人間生活学部 准教授　第9章

倉林 正 （くらばやし ただし）　育英短期大学保育学科 教授　第4章

甲賀 崇史 （こうが たかし）　浜松学院大学短期大学部幼児教育科 講師　第12章4

佐藤 匡仁 （さとう まさひと）　岩手県立大学社会福祉学部 准教授　第6章

園田 巌 （そのだ いわお）　東京都市大学人間科学部 准教授　第3章

永田 真吾 （ながた しんご）　山梨大学大学院総合研究部教育学域 准教授　第7章

原子はるみ （はらこ はるみ）　元 和洋女子大学人文学部 教授　第10章
東京都立小石川中等教育学校 特別支援教室専門員

本間 貴子 （ほんま たかこ）　国士舘大学文学部 講師　第5章

室谷 直子 （むろや なおこ）　常磐短期大学幼児教育保育学科 教授　第13章

矢野 善教 （やの よしのり）　作新学院大学女子短期大学部幼児教育科 講師　第12章1・2・3

吉國 陽一 （よしくに よういち）　田園調布学園大学子ども未来学部 准教授　第2章

　イラスト作成　佐藤陽子

特別支援教育・障害児保育入門

2020年（令和2年）4月15日　初 版 発 行
2022年（令和4年）2月10日　第3刷発行

編著者　咲 間 ま り 子

発行者　筑 紫 和 男

発行所　株式会社 建 帛 社
　　　　KENPAKUSHA

〒112-0011　東京都文京区千石4丁目2番15号
TEL　（03）3944-2611
FAX　（03）3946-4377
https://www.kenpakusha.co.jp/

ISBN 978-4-7679-5125-6　C3037　　　　　信毎書籍印刷／常川製本
© 咲間まり子ほか，2020.　　　　　　　　Printed in Japan
（定価はカバーに表示してあります）